나의
하루 1 줄

독일어 쓰기
수첩

☑ 중급문장 100
_____

매일 한 줄 쓰기의 힘

여러분,
한꺼번에 수십 개의 단어와 문장을 외웠다가
나중에 몽땅 까먹고 다시 공부하는
악순환을 반복하고 싶으신가요?

Ich kann gut Deutsch sprechen.

나는 독일어를 잘할 수 있어.

아니면 하루 1문장씩이라도
확실히 익히고, 직접 반복해서 써보며
온전한 내 것으로 만들어
까먹지 않고 제대로 써먹고 싶으신가요?

독일어 '공부'가 아닌
독일어 '습관'을 들이세요.

많은 사람들이 외국어를 공부할 때, 자신이 마치 내용을 한 번 입력하기만 하면
죽을 때까지 그걸 기억할 수 있는 기계인 것마냥 문법 지식과 단어를
머릿속에 최대한 많이 넣으려고 하는 경향이 있습니다.
하지만 이 공부법의 문제는? 바로 우리는 기계가 아닌 '인간'이기 때문에
한꺼번에 많은 내용을 머릿속에 우겨 넣어 봐야 그때 그 순간만 기억할 뿐
시간이 지나면 거의 다 '까먹는다는 것'입니다.

'한꺼번에 많이' 보다
'매일매일 꾸준히' 하세요.

까먹지 않고 내 머릿속에 오래도록 각인을 시키려면,
우리의 뇌가 소화할 수 있는 만큼만 이를 최대한 '반복'해야 합니다.
한 번에 여러 문장을 외웠다 며칠 지나 다 까먹는 악순환을 벗어나,
한 번에 한 문장씩 여러 번 반복하고 직접 써보는 노력을 통해
독일어를 진짜 내 것으로 만드는 것이 제대로 된 방법입니다.

어느새 독일어는
'나의 일부'가 되어있을 겁니다.

자, 이젠 과도한 욕심으로 작심삼일로 끝나는 외국어 공부 패턴을 벗어나,
진짜 제대로 된 방법으로 독일어를 공부해 보는 건 어떨까요?

쓰기 수첩 활용법

Ich kann gut Deutsch sprechen.

나는 독일어를 잘할 수 있어.

① ① können = ~할 수 있다

können 동사는 능력과 가능성을 의미하며, 일상에서는 상대방에게 가볍게 부탁하는 어조로 사용할 수 있습니다. 본동사는 원형 형태로 문장 끝에 위치합니다.

*인칭변화 [ich kann - du kannst - er kann] (부록 참고 p.168)

---

② MP3 듣고 따라 말하며 세 번씩 써보기   🎧 mp3 001

①

②

③

---

③ 응용해서 써본 후 MP3 듣고 따라 말하기   🎧 mp3 002

① 잠시 이것 좀 들어줄래? [들다 = halten]

→

② 우리는 주말에 영화관에 갈 수 있어. [주말 = n. Wochenende, 영화관 = n. Kino]

→

① Kannst du das kurz halten?

② Wir können am Wochenende ins Kino gehen.

1 하루 1문장씩 제대로 머릿속에 각인시키기

독일어 핵심 어법이 녹아 있는 문장을 하루 1개씩, 총 100개 문장을 차근차근 익혀 나가도록 합니다. 각 문장 1개를 통해 일상생활 필수 표현 및 핵심 문형 1개 & 새로운 어휘 2~3개를 함께 익힐 수 있습니다.

2 그날그날 배운 문장 1개 반복해서 써보기

그날그날 배운 문장 1개를 수첩에 반복해서 써 보도록 합니다. 문장을 다 써본 후엔 원어민이 직접 문장을 읽고 녹음한 MP3 파일을 듣고 따라 말하며 발음까지 확실히 내 것으로 만들도록 합니다.

3 배운 문장을 활용해 새로운 문장 응용해서 써보기

그날그날 배우고 써봤던 독일어 문형에 다른 어휘들을 집어 넣어 '응용 문장 2개' 정도를 더 써보도록 합니다. 이렇게 함으로써 그날 배운 독일어 문형은 완벽한 내 것이 될 수 있습니다.

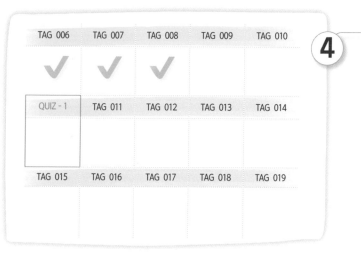

TAG 006	TAG 007	TAG 008	TAG 009	TAG 010
✓	✓	✓		
QUIZ - 1	TAG 011	TAG 012	TAG 013	TAG 014
TAG 015	TAG 016	TAG 017	TAG 018	TAG 019

④

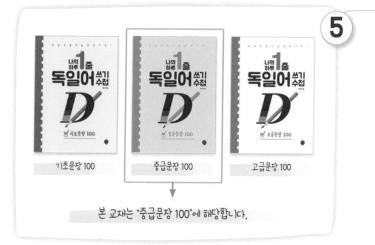

기초문장 100   중급문장 100   고급문장 100

본 교재는 '중급문장 100'에 해당합니다.

⑤

4 매일매일 쓰기를 확실히 끝냈는지 스스로 체크하기

외국어 공부가 작심삼일이 되는 이유 중 하나는 바로 스스로를 엄격히 체크하지 않아서입니다. 매일 쓰기 훈련을 끝마친 후엔 체크 일지에 학습 완료 체크 표시를 하며 쓰기 습관이 느슨해지지 않도록 합니다.

5 '기초-중급-고급'의 체계적인 단계별 쓰기 훈련

나의 하루 1줄 독일어 쓰기 수첩은 '기초-중급-고급'으로 구성되어 있어 수준을 단계적으로 높여 가며 독일어를 마스터할 수 있습니다.

기초문장 **100**	기초문장 100개를 쓰고 익히며 독일어의 기본 문장 구조 파악 및 기초 표현 학습
중급문장 **100**	중급문장 100개를 쓰고 익히며 다양한 시제 및 중급 레벨의 어법/표현 학습
고급문장 **100**	기초 및 중급을 기반으로 좀 더 길고 풍성한 고급문장 100개를 써보며 실력 다지기

쓰기 수첩 목차

나의 쓰기 체크일지

본격적인 '나의 하루 1줄 독일어 쓰기' 학습을 시작하기에 앞서, 수첩을 활용하여 공부를 진행하는 방법 및 '나의 쓰기 체크 일지' 활용 방법을 안내해 드리도록 하겠습니다. 꼭! 읽고 학습을 진행하시기 바랍니다.

 공부 방법

① 'TAG 1'마다 핵심 독일어 문형 및 문장 1개를 학습합니다.

② 배운 문장 1개를 MP3를 듣고 따라 말하며 3번씩 써봅니다.

③ 배운 문장 구조를 응용하여 다른 문장 두 개를 작문해 본 다음 MP3를 듣고 따라 말해 봅니다.

④ 또한 Lektion 하나가 끝날 때마다 QUIZ를 풀어 보며 자신의 독일어 실력을 점검해 봅니다.

⑤ 이 같이 학습을 진행해 나가면서, '나의 쓰기 체크 일지'에 학습을 제대로 완료했는지 체크(V) 표시를 하도록 합니다.

▶▶▶ START	WARM UP			
	자, 준비됐나요? ( )			
TAG 001	TAG 002	TAG 003	TAG 004	TAG 005

TAG 006	TAG 007	TAG 008	TAG 009	TAG 010
QUIZ - 1	TAG 011	TAG 012	TAG 013	TAG 014
TAG 015	TAG 016	TAG 017	TAG 018	TAG 019
TAG 020	QUIZ - 2	TAG 021	TAG 022	TAG 023
TAG 024	TAG 025	TAG 026	TAG 027	TAG 028
TAG 029	TAG 030	QUIZ - 3	TAG 031	TAG 032
TAG 033	TAG 034	TAG 035	TAG 036	TAG 037

TAG 038	TAG 039	TAG 040	QUIZ - 4	TAG 041
TAG 042	TAG 043	TAG 044	TAG 045	TAG 046
TAG 047	TAG 048	TAG 049	TAG 050	QUIZ - 5
TAG 051	TAG 052	TAG 053	TAG 054	TAG 055
TAG 056	TAG 057	TAG 058	TAG 059	TAG 060
QUIZ - 6	TAG 061	TAG 062	TAG 063	TAG 064
TAG 065	TAG 066	TAG 067	TAG 068	TAG 069

TAG 070	QUIZ - 7	TAG 071	TAG 072	TAG 073
TAG 074	TAG 075	TAG 076	TAG 077	TAG 078
TAG 079	TAG 080	QUIZ - 8	TAG 081	TAG 082
TAG 083	TAG 084	TAG 085	TAG 086	TAG 087
TAG 088	TAG 089	TAG 090	QUIZ - 9	TAG 091
TAG 092	TAG 093	TAG 094	TAG 095	TAG 096
TAG 097	TAG 098	TAG 099	TAG 100	QUIZ - 10

나의 다짐

다짐합니다.

나는 "나의 하루 한 줄 독일어 쓰기 수첩"을

언제 어디서나 휴대하고 다니며

하루 한 문장씩 꾸준히 포기하지 않고

열심히 쓸 것을 다짐합니다.

만약 하루에 한 문장씩 쓰기로 다짐한

이 간단한 약속조차 지키지 못해

다시금 작심삼일이 될 경우,

이는 내 자신의 의지가 이 작은 것도 못 해내는

부끄러운 사람이란 것을 입증하는 것임을 알고,

따라서 내 스스로에게 부끄럽지 않도록

이 쓰기 수첩을 끝까지 쓸 것을

내 자신에게 굳건히 다짐합니다.

_____ 년 _____ 월 _____ 일

이름: _____

WARM UP

중급문장 100을 공부하기 전 기초문장을
제대로 알고 있는지 가볍게 확인해 봅시다.

001	Ich bin **Julia.**	나는 **Julia**라고 해.
002	Bist du **Koreaner?**	너는 **한국 사람**이니?
003	Sind Sie **Frau Hartmann?**	당신이 **Hartmann 씨**인가요?
004	Er ist **Ingenieur.**	그는 **엔지니어**야.
005	Wir sind **müde.**	우리는 **피곤해**.
006	Seid ihr **in Ordnung?**	너희들 **괜찮**니?
007	Sie sind **im Büro.**	그들은 **사무실에** 있어.
008	Die Kinder sind **in der Schule.**	아이들은 **학교에** 있어요.
009	**Ich bin** auf dem Weg **nach Hause.**	**나는** 집에 **가는 길**이야.
010	**Ich bin auf dem Weg** ins Büro.	**나는** 사무실로 **가는 길**이야.

011	Mein Name **ist Julia.**	내 이름은 **Julia**야.
012	Meine Freundin **ist Lehrerin.**	내 여자 친구는 **선생님**이야.
013	Mein Hobby **ist Sport.**	나의 취미는 **운동**이야.
014	Mein Traumberuf **ist Arzt.**	나의 장래 희망은 **의사**야.
015	Meine Lieblingsband **ist Beatles.**	내가 가장 좋아하는 그룹은 **Beatles**야.
016	Deine Tochter **ist hübsch.**	너의 딸은 **예쁘구나.**

017	Sein Bruder ist sehr klug.	그의 형은 **정말 영리해.**
018	Unsere Eltern sind ziemlich konservativ.	우리 부모님은 **상당히 보수적이셔.**
019	Das ist euer Zimmer.	**여기가** 너희들 방**이야.**
020	Ist das Ihr Vater?	**이분이** 당신 아버지**인가요?**

3. 독일어 형용사 이해하기

021	**Das ist** ein schönes Zimmer.	**이것은** 예쁜 방**이다. (이 방 예쁘다.)**
022	**Das ist** mein neuer Kollege, **Markus.**	**여긴** 저의 새로운 동료, **Markus예요.**
023	**Das sind** gute Nachrichten.	**그거** 좋은 소식**이다.**
024	**Das ist** der schnellste Weg.	**이게** 가장 빠른 길**이에요.**
025	**Das ist** mein älterer Bruder, **Peter.**	**여긴** 저의 형, **Peter예요.**
026	**Das ist** das größte Problem.	**그게** 가장 큰 문제**예요.**
027	**Das ist** besser als **gar nichts.**	**그게** 아예 아무것도 없는 것**보단 나아.**
028	**Das ist** das Wichtigste.	**그게** 가장 중요**해.**
029	**Das ist** kein Problem.	**그건** 문제가 아니**야.**
030	**Das ist** keine gute Idee.	**그건** 좋은 생각이 아니**야.**

4. 독일어 동사 이해하기

031	Ich wohne in Seoul.	나는 서울에 살아.
032	Sie wohnt im Erdgeschoss.	그녀는 1층에 살아.
033	Spielst du gern Fußball?	너 축구하는 거 좋아하니?
034	Ich stehe früh auf.	나는 일찍 일어나.
035	Ich bekomme einen Anruf.	나 전화 받고 있어.
036	Sitzt du noch am Computer?	너 아직도 컴퓨터 앞에 앉아 있니?
037	Arbeitest du bei BMW?	너 BMW에서 일해?
038	Du siehst so müde aus.	너 굉장히 피곤해 보여.
039	Isst du zu Hause oder auswärts?	너는 집에서 먹니, 밖에서 먹니?
040	Er schläft im Nebenzimmer.	그는 옆방에서 자고 있어.

5. haben 동사로 말하기

041	Ich habe einen Sohn.	제겐 아들이 하나 있어요.
042	Ich habe Hunger.	나 배고파.
043	Ich habe Fieber.	나 열이 나.
044	Ich habe Lust auf einen Kaffee.	나 커피 한잔 하고 싶어.
045	Ich habe eine gute Idee.	내게 좋은 생각이 하나 있어.
046	Du hast die beste Stimme.	너는 최고의 목소리를 갖고 있어.

047	Ich habe gute Nachrichten.	내게 좋은 소식이 있어.
048	Ich habe keinen Plan.	전 아무 계획 없어요
049	Ich habe keine gute Lösung.	제겐 좋은 해결책이 없어요
050	Ich habe keine Lust zu reden.	나 얘기할 마음 없어.

6. 독일어 숫자 표현 이해하기

051 Ich habe zwei Töchter.   제겐 딸이 두 명 있어요.

null (0) / eins (1) / zwei (2) / drei (3) / vier (4) / fünf (5) / sechs (6) /
sieben (7) / acht (8) / neun (9)

052 Mein Sohn ist 13 Jahre alt.   제 아들은 13살이에요.

zehn (10) / elf (11) / zwölf (12) / dreizehn (13) / vierzehn (14) /
fünfzehn (15) / sechzehn (16) / sieben (17) / achtzehn (18) /
neunzehn (19)

053 Ich arbeite 50 Stunden pro Woche.   저는 주당 50시간을 일해요.

zwanzig (20) / einundzwanzig (21) / zweiundzwanzig (22) /
dreißig (30) / vierzig (40) / fünfzig (50) / sechzig (60) /
siebzig (70) / achtzig (80) / neunzig (90)

054 Das kostet 450 Euro.   이건 450유로입니다.

hundert (100) / hunderteins (101) / hundertzwei (102) /
hundertsechzig (160) / zweihundert (200) /
dreihundertzweiundvierzig (342) / (ein)tausend (1000)

| 055 | Heute ist der 3. Tag. | 오늘은 셋째 날이에요. |

erst (첫째) / zweit (둘째) / dritt (셋째) / viert (넷째) / fünft (다섯째) /
sechst (여섯째) / sieb(en)t (일곱째) / acht (여덟째) / neunt (아홉째) /
zehnt (열째)

| 056 | Ich wohne im 12. Stock. | 저는 12층에 살아요. |

1~19 → 기수-t : ... 11.-elft, 12.-zwölft, ... 19.-neunzehnt
20 ~ → 기수-st : 20.-zwanzigst, 21.-einundzwanzigst, ...

| 057 | Mein Geburstag ist der 4. März. | 제 생일은 3월 4일입니다. |

Januar (1월) / Februar (2월) / März (3월) / April (4월) / Mai (5월) / Juni (6월)

| 058 | Ich komme am 11. September an. | 저는 9월 11일에 도착해요. |

Juli (7월) / August (8월) / September (9월) / Oktober (10월) /
November (11월) / Dezember (12월)

| 059 | Es ist viertel vor drei. | 2시 45분입니다. |

| 060 | Ich gehe um 8 Uhr in die Schule. | 저는 8시에 학교에 갑니다. |

7. 독일어 시간·이동 표현 이해하기

| 061 | Ich fahre heute nach London. | 난 오늘 런던으로 떠나. |

| 062 | Wir fliegen morgen in die USA. | 우린 내일 비행기로 미국에 가. |

| 063 | Er geht jeden Tag schwimmen. | 그는 매일 수영하러 가. |

| 064 | Ich fahre immer mit dem Fahrrad zur Schule. | 나는 항상 자전거를 타고 학교에 가. |

065	Ich laufe täglich den Fluss entlang.	나는 날마다 하천을 따라 뛰어.
066	Wir gehen am Freitag ins Kino.	우리는 금요일에 영화관에 가.

Donnerstag (월요일) / Dienstag (화요일) / Mittwoch (수요일) /
Donnerstag (목요일) / Freitag (금요일) / Samstag (토요일) / Sonntag (일요일)

067	Ich trinke morgens nur Kaffee.	나는 아침에 커피만 마셔.
068	Sie trinkt jeden Morgen eine Tasse Kaffee.	그녀는 매일 아침 커피 한 잔을 마셔.
069	Sie studiert jetzt in den USA.	그녀는 현재 미국에서 대학을 다녀.
070	Am Wochenende treffe ich gern Freunde.	나는 주말에 친구들을 만나길 좋아해.

8. 독일어 인칭대명사의 '격' 이해하기

071	Du gibst mir Kraft.	넌 나에게 힘이 돼.
072	Du machst mich glücklich.	너는 나를 행복하게 해.
073	Kommst du zu mir nach Hause?	너 집 쪽으로 나에게 올래? (너 우리 집에 올래?)
074	Ich rufe dich später an.	내가 나중에 네게 전화할게.
075	Ich esse heute Abend mit ihm.	나는 오늘 저녁에 그와 식사를 해.
076	Ich bin sehr stolz auf euch.	나는 너희가 정말 자랑스러워.
077	Ich habe eine Nachricht für Sie.	당신에게 온 메시지가 하나 있습니다.
078	Das ist sehr nett von Ihnen.	당신은 정말 친절하시군요.

079	Ich bin zufrieden mit meinem Leben.	저는 제 삶에 만족해요.
080	Ich danke Ihnen für Ihre Aufmerksamkeit.	당신의 관심에 감사드립니다.

9. 독일어 의문사 이해하기 (1)

081	Was ist dein Lieblingsessen?	네가 가장 좋아하는 음식은 무엇이니?
082	Was machst du am Wochenende?	너는 주말에 무엇을 하니?
083	Wer kennt dich besser als ich?	누가 나보다 너를 더 잘 알겠니?
084	Wessen Buch ist das auf dem Tisch?	책상 위에 있는 건 누구의 책이니?
085	Mit wem fährst du in Urlaub?	너는 누구와 휴가를 가니?
086	Womit fährst du zur Schule?	넌 무엇을 타고 학교에 가니?
087	Wo isst du heute zu Mittag?	너 오늘 어디서 점심을 먹니?
088	Wohin geht er am Freitag?	그는 금요일에 어디로 가니?
089	Wann kommt er von seiner Reise zurück?	그는 언제 여행에서 돌아오니?
090	Warum machen Sie den Vorschlag?	왜 그런 제안을 하는 거죠?

091	Wie heißt das auf Deutsch?	이건 독일어로 어떻게 불리나요?
092	Wie geht es deinen Eltern?	네 부모님은 어떻게 지내셔?
093	Wie findest du meine neuen Schuhe?	내 새 신발 어떤 거 같아?
094	Wie spät ist es?	몇 시인가요?
095	Wie gut kennst du ihn?	너는 그를 얼마나 잘 아니?
096	Wie lange bleibst du hier?	너 여기 얼마나 오래 머무를 거야?
097	Wie oft isst du am Tag?	넌 하루에 얼마나 자주 식사하니?
098	Wie viele Stunden schläfst du pro Nacht?	넌 밤마다 얼마나 많은 시간을 자니?
099	Wie weit ist es zum Gipfel?	정상까지는 얼마나 먼가요?
100	Wie weit bist du mit deiner Arbeit?	네 일은 어느 만큼 진척됐어?

MEMO 복습한 문장의 주요 내용을 정리해 보세요.

| |
| |
| |
| |
| |
| |
| |

LEKTION 01

화법조동사
이해하기

Ich kann gut Deutsch sprechen.

나는 독일어를 잘할 수 있어.

① können = ~할 수 있다

können 동사는 능력과 가능성을 의미하며, 일상에서는 상대방에게 가볍게 부탁하는 어조로 사용할 수 있습니다. 본동사는 원형 형태로 문장 끝에 위치합니다.

*인칭변화 [ich kann - du kannst - er kann] (부록 참고 p.168)

② sprechen = 말하다, 구사하다

Deutsch sprechen = 독일어를 구사하다

MP3 듣고 따라 말하며 세 번씩 써보기　　　　　　　　　　　　🎧 mp3 001

①

②

③

응용해서 써본 후 MP3 듣고 따라 말하기　　　　　　　　　　🎧 mp3 002

① 잠시 이것 좀 들어줄래? [들다 = halten]

→

② 우리는 주말에 영화관에 갈 수 있어. [주말 = n. Wochenende, 영화관 = n. Kino]

→

---

① Kannst du das kurz halten?

② Wir können am Wochenende ins Kino gehen.

— Sie muss für die Prüfung viel lernen. —

그녀는 시험을 위해 많은 공부를 해야 해.

① müssen = ~해야 한다

'~해야 한다/~하지 않으면 안되다'라는 뜻의 필연과 의무를 나타내는 조동사입니다. 위에서는
주어가 3인칭 단수이므로 muss 형태로 변화합니다.

*인칭변화 [ich muss - du musst - er muss] (부록 참고 p.168)

② die Prüfung = 시험

für die Prüfung lernen = 시험을 위해 공부하다 → 시험 대비 공부를 하다

MP3 듣고 따라 말하며 세 번씩 써보기   🎧 mp3 003

①

②

③

응용해서 써본 후 MP3 듣고 따라 말하기   🎧 mp3 004

① 나는 주말에 일을 해야 돼. [일하다 = arbeiten]

   →

② 나는 아직 그녀를 기다려야 해. [아직 = noch, 기다리다 = warten]

   →

---

① Am Wochenende muss ich arbeiten.

② Ich muss noch auf sie warten.

TAG 003 ＿＿＿월 ＿＿＿일

Müsst ihr keine Jacke mitnehmen?

너희는 겉옷 안 챙겨도 되겠니?

① müssen + keine = ~할 필요 없다/불필요하다

etw. mitnehmen = ~을 챙기다, 가지고 가다 (분리동사)

müssen(~해야 한다)과 keine(하나(조금)도 ~않다)가 함께 쓰이면 '불필요하다'라는 부정적 뜻을 나타내는 표현이 됩니다. 주어가 ihr이므로 müsst로 인칭변화를 합니다.

② (동의어) nicht brauchen zu inf. → Ihr braucht nicht für die Prüfung zu lernen. = 너희는 시험을 위해 공부하지 않아도 돼.

MP3 듣고 따라 말하며 세 번씩 써보기　　　🎧 mp3 005

①

②

③

응용해서 써본 후 MP3 듣고 따라 말하기　　　🎧 mp3 006

① 너희 조부모님을 방문하지 않아도 되니? [조부모 = pl. Großeltern]

→

② 우린 이것을 계산할 필요 없어. [계산하다 = bezahlen]

→

① Musst du nicht deine Großeltern besuchen?

② Das müssen wir nicht bezahlen.

30

Darf ich Sie etwas fragen?

당신께 질문을 해도 될까요?

① dürfen = ~해도 된다/좋다

예의 바르게 허락을 구하거나 허가·허락되는 상황에서 사용합니다.

*인칭변화 [ich darf - du darfst - er darf] (부록 참고 p.168)

② fragen jn. = ~에게 질문하다

fragen 동사는 질문받는 대상을 4격 목적어(~을·를)로 사용하니 주의하세요!

Darf ich Sie etwas fragen? = (제가) 당신께 질문을 해도 될까요?

MP3 듣고 따라 말하며 세 번씩 써보기	🎧 mp3 007

①

②

③

응용해서 써본 후 MP3 듣고 따라 말하기	🎧 mp3 008

① 16세부터 디스코(텍)에 갈 수 있어. [디스코(텍)에 가다 = in die Disko gehen]

→

② 이제 이 카드를 사용해도 좋아. [카드 = f. Karte, 이용하다 = benutzen]

→

> ① Ab 16 darf man in die Disko gehen.
> ② Du darfst jetzt die Karte benutzen.

Man darf hier nicht rauchen.

여기서는 흡연하시면 안 됩니다.

① dürfen + nicht = ~하면 안 된다

dürfen(~해도 된다/좋다)과 nicht(~이 아니다, ~않다)가 함께 쓰이면 '~하면 안 된다'라는 '금지'의 뜻을 나타내는 표현이 됩니다. 허가되지 않은 상황에서 주로 사용하며, müssen nicht(~할 필요 없다)와 헷갈리지 않도록 충분히 익혀 두세요.

② man = 사람들 (대명사)

불특정 인물을 지칭하는 주어로 해석하지 않아도 자연스러우며, 3인칭 단수입니다.

MP3 듣고 따라 말하며 세 번씩 써보기	🎧 mp3 009

①

②

③

응용해서 써본 후 MP3 듣고 따라 말하기	🎧 mp3 010

① 너는 아직 자동차 운전을 하면 안 돼. [운전하다 = fahren]

→

② 너희는 티켓 없이 입장하면 안 돼. [~ 없이 = ohne, 입장하다 = eintreten]

→

① Du darfst noch nicht Auto fahren.
② Ihr dürft nicht ohne ein Ticket eintreten.

Soll ich am Sonntag bei dir vorbeikommen?

일요일에 내가 너희 집에 들릴까?

① sollen = 마땅히 ~해야 한다 (제3자의 조언 · 충고 · 타의적인 의무)

타인에 의해 해야 하는 의무 사항이거나, 제3자가 충고하는 경우에 사용됩니다. 간혹 상대방의 의사를 묻거나 제안하는 의미로도 사용됩니다.

*인칭변화 [ich soll - du sollst - er soll] (부록 참고 p.168)

② bei = ~ 집에, 근처에 (3격 전치사)

bei jdm. vorbeikommen = ~ 집에 지나가는 길에 들리다

MP3 듣고 따라 말하며 세 번씩 써보기　🎧 mp3 011

①

②

③

응용해서 써본 후 MP3 듣고 따라 말하기　🎧 mp3 012

① 내가 뭐 좀 사 갈까? [가져가다 = mitbringen]

→

② 너 커피 타 줄까? [커피를 타다 = einen Kaffee machen]

→

---

① Soll ich etwas mitbringen?

② Soll ich dir einen Kaffee machen?

Wir wollen eine Ausstellung organisieren.

우리는 고객들을 위한 전시회를 기획하려 해.

① wollen = ~하고자 한다

강한 의지와 의도를 내포하며, 계획 또는 원하는 것을 표현할 때 사용합니다. 미래형이 아니므로 헷갈리지 않도록 주의하세요!

*인칭변화 [ich will - du willst - er will] (부록 참고 p.168)

② f. Ausstellung = 전시회

eine Ausstellung organisieren = 전시회를 기획하다

MP3 듣고 따라 말하며 세 번씩 써보기 ∩ mp3 013

①

②

③

응용해서 써본 후 MP3 듣고 따라 말하기 ∩ mp3 014

① 너는 어떤 과제를 맡고 싶니? [과제 = f. Aufgabe, 맡다 = übernehmen]

→

② 나는 그 결과를 더 이상 기다리고 싶지 않아. [결과 = n. Ergebnis]

→

① Welche Aufgabe willst du übernehmen?

② Ich will auf das Ergebnis nicht mehr warten.

— Wie magst du dein Steak am liebsten? —

스테이크 얼마나 익히는게 좋아?

① mögen = ~을 좋아하다

mögen+목적어 = ~을 좋아하다

mögen+목적어+동사 = ~하는 것을 좋아하다

*인칭변화 [Ich mag - du magst - er mag] (부록 참고 p.169)

② n. Steak = 스테이크 / am liebsten = 가장 좋아하는 → 형용사 gern[gern - lieber - am liebsten]의 최상급 형태로 가장 선호하는 것을 의미합니다.

MP3 듣고 따라 말하며 세 번씩 써보기   🎧 mp3 015

①

②

③

응용해서 써본 후 MP3 듣고 따라 말하기   🎧 mp3 016

① 일이 끝난 후에 나는 맥주 마시는 것을 좋아해. [맥주를 마시다 = Bier trinken]

→

② 내 자녀들은 야채를 좋아하지 않아요. [조금도 ~(하지) 않다 = kein, 야채 = n. Gemüse]

→

---

① Nach der Arbeit mag ich gerne Bier trinken.

② Meine Kinder mögen kein Gemüse.

Ich möchte dich zum Geburtstag einladen.

너를 내 생일에 초대하고 싶어.

① möchten = ~을 원하다/~하고 싶다 (바라는 바를 겸손하게 표현)

mögen 동사에서 파생된 형태지만 독립적인 화법조동사로 사용됩니다.

*인칭변화 [ich möchte - du möchtest - er möchte] (부록 참고 p.169)

② jdn. einladen zu + 3격 = ~를 ~에 초대하다

jdn. zum Geburtstag einladen = ~를 생일에 초대하다 → 일상에서는 [zu + 간식]

형태로 '~(커피, 간식 등)을 사다(쏘다)'라는 뜻으로도 자주 사용합니다.

MP3 듣고 따라 말하며 세 번씩 써보기	🎧 mp3 017

①

②

③

응용해서 써본 후 MP3 듣고 따라 말하기	🎧 mp3 018

① 너를 식사에 초대하고 싶어. [주문하다 = bestellen]

→

② 내가 콘서트 티켓 쏠게! [콘서트 = n. Konzert]

→

---

① Ich möchte dich zum Essen einladen.

② Ich möchte dich zum Konzert einladen!

— Sie lässt ihre Kinder das Zimmer putzen. —

그녀는 아이들에게 방 청소를 하도록 시킨다.

① lassen = ~ 하도록 시키다 [lassen - lässt - gelassen]

일반동사지만 화법조동사처럼 동사원형과 함께 자주 사용됩니다. 시키는 대상을 4격 목적어로 취하면 '~에게 ~하도록 하다'로 해석합니다.

② n. Zimmer = 방

das Zimmer putzen = 방을 깨끗하게 하다(청소하다) → 방청소를 하다

(= sauber machen : 깨끗하게 하다)

MP3 듣고 따라 말하며 세 번씩 써보기	🎧 mp3 019
①	
②	
③	

응용해서 써본 후 MP3 듣고 따라 말하기	🎧 mp3 020

① 나는 자전거 수리를 맡긴다. [자전거 = n. Fahrrad, 수리하다 = reparieren]

→

② 그는 나에게 어려운 일을 시켰다. [어려운 일 = die schwere Arbeit]

→

① Ich lasse mein Fahrrad reparieren.

② Er lässt mich die schwere Arbeit machen.

정답 p.040

01 Ich kann gut Deutsch (   ).

나는 독일어를 잘할 수 있어.

02 (   ) du das kurz halten?

잠시 이것 좀 들어줄래?

03 Sie muss für (   ) viel lernen.

그녀는 시험을 위해 많은 공부를 해야 해.

04 (   ) muss ich arbeiten.

나는 주말에 일을 해야 돼.

05 Müsst ihr keine Jacke (   )?

너희는 겉옷 안 챙겨도 되겠니?

06 Das (   ) wir nicht bezahlen.

우린 이것을 계산할 필요 없어.

07 Darf ich (   ) etwas fragen?

당신께 질문을 해도 될까요?

08 Du darfst jetzt die Karte (   ).

이제 이 카드를 사용해도 좋아.

09 Man (   ) hier nicht rauchen.

여기서는 흡연하시면 안 됩니다.

10 Du darfst noch nicht (   ).

너는 아직 자동차 운전을 하면 안 돼.

11 Soll ich am Sonntag bei dir (   )?

일요일에 내가 너희 집에 들릴까?

12 Soll ich was (   )?

내가 뭐 좀 사 갈까?

13 Wir wollen (   ) organisieren.

우리는 고객들을 위한 전시회를 기획하려 해.

14 Ich will (   ) das Ergebnis nicht mehr (   ).

나는 그 결과를 더 이상 기다리고 싶지 않아.

15 Wie (   ) du dein Steak am liebsten?

스테이크 얼마나 익히는게 좋아?

16 (   ) der Arbeit mag ich gerne Bier trinken.

일이 끝난 후에 나는 맥주 마시는 것을 좋아해.

17 Ich möchte dich (   ) einladen.

너를 내 생일에 초대하고 싶어.

18 Ich möchte dich zum Konzert (   )!

내가 콘서트 티켓 쏠게!

19 Sie (   ) ihre Kinder das Zimmer putzen.

그녀는 아이들에게 방 청소를 하도록 시킨다.

20 Er lässt mich die (   ) machen.

그는 나에게 어려운 일을 시켰다.

01 sprechen	11 vorbeikommen
02 Kannst	12 mitbringen
03 die Prüfung	13 eine Ausstellung
04 Am Wochenende	14 auf / warten
05 mitnehmen	15 magst
06 müssen	16 Nach
07 Sie	17 zum Geburtstag
08 benutzen	18 einladen
09 darf	19 lässt
10 Auto fahren	20 schwere Arbeit

MEMO 틀린 문장이 있을 경우 아래에 몇 번씩 반복해서 써보세요.

LEKTION 02

2격, 3격, 관사
이해하기

Ich kann der Argumentation nicht zustimmen.

나는 그 주장에 동의할 수 없어.

①

정관사	남성명사(m.)	여성명사(f.)	중성명사(n.)	복수명사(pl.)
3격	dem	der	dem	den

② zustimmen etw. = ~에 동의하다 (3격 목적어를 취함) / f. Argumentation = 주장,

논증 → der Argumentation zustimmen = 그 주장에 대해 동의하다

정관사 3격을 사용하거나, 소유관사 3격으로 응용할 수 있습니다.

→ deiner Argumentation zustimmen = 너의 주장에 동의하다

MP3 듣고 따라 말하며 세 번씩 써보기　　　　　　　🎧 mp3 021

①

②

③

응용해서 써본 후 MP3 듣고 따라 말하기　　　　　　　🎧 mp3 022

① 그는 그 아이에게 어떤 조언을 하니? [조언하다 = raten]

→

② 그 여자는 그 남자를 믿지 않아. [믿다 = glauben]

→

---

① Was rät er dem Kind?

② Die Frau glaubt dem Mann nicht.

— Es gibt viele Andenken des Mittelalters. —

중세 시대의 기념품들이 많이 있다.

①

정관사	남성명사(m.)	여성명사(f.)	중성명사(n.)	복수명사(pl.)
2격	des	der	des	der

② Es gibt = ~이 있다 (가주어 Es 로 만드는 문장에서 진주어가 목적어(4격)로 옴)

pl. Andenken = 기념품(들) / n. Mittelalter = 중세 (pl. Mittelalter)

Andenken des Mittelalters = 중세 시대의 기념품들

2격 수식으로 명사를 꾸며줄 수 있습니다.

MP3 듣고 따라 말하며 세 번씩 써보기   🎧 mp3 023

①

②

③

응용해서 써본 후 MP3 듣고 따라 말하기   🎧 mp3 024

① 그 소녀의 빵집은 여기서 매우 유명하다. [호평받는, 인기 있는 = beliebt]

→

② 사자는 동물들의 왕이다. [동물 = n. Tier]

→

---

① Die Bäckerei des Mädchens ist hier sehr beliebt.

② Der Löwe ist der König der Tiere.

Er hilft einer weinenden Frau.

그는 울고 있는 한 여자를 돕는다.

①
정관사	남성명사(m.)	여성명사(f.)	중성명사(n.)
3격	einem	einer	einem

② helfen = ~를 돕다

3격 목적어를 사용하는 동사이므로 도움을 받는 대상이 3격으로 표현됩니다.

weinen = 울다 → weinend = 울고 있는 (현재분사)

현재분사는 형용사 어미변화가 되어 명사를 수식할 수 있습니다.

MP3 듣고 따라 말하며 세 번씩 써보기	🎧 mp3 025

①

②

③

응용해서 써본 후 MP3 듣고 따라 말하기	🎧 mp3 026

① 그 판매원은 한 여자 손님에게 대답한다. [여자 손님 = f. Kundin]

　→

② 그 원피스는 가방과 잘 어울려. [원피스 = n. Kleid]

　→

---

① Der Verkäufer antwortet einer Kundin.

② Das Kleid passt einer Tasche.

Das gönne ich dir und deiner Familie!

너와 너의 가족에게 정말 잘됐다!

①

소유관사	남성명사(m.)	여성명사(f.)	중성명사(n.)	복수명사(pl.)
3격	deinem	deiner	deinem	deinen

② jdm. etw gönnen은 상대방에게 좋은 일이 일어난 경우에 진심으로 기뻐해 주는 마음으로 건넬 수 있는 표현입니다.

   f. Familie = 가족 → deiner Familie = 너의 가족에게

   '~에게'라는 의미로 소유관사의 여성 3격인 deiner를 붙여 줍니다.

MP3 듣고 따라 말하며 세 번씩 써보기	🎧 mp3 027

①

②

③

응용해서 써본 후 MP3 듣고 따라 말하기	🎧 mp3 028

① 이 자켓이 너의 여동생 것이니? [여동생 = f. Schwester]

   →

② 당신 아들의 졸업을 축하합니다. [졸업 기념으로 = zum Abschluss]

   →

> ① Gehört die Jacke deiner Schwester?
>
> ② Ich gratuliere deinem Sohn zum Abschluss.

Sie kauft den Gebrauchtwagen meines Kollegen.

그녀는 내 동료의 중고차를 구입해.

①
소유관사	남성명사(m.)	여성명사(f.)	중성명사(n.)	복수명사(pl.)
2격	meines	meiner	meines	meiner

② kaufen = ~을 구매하다 / m. Gebrauchtwagen = 중고 차량 / m. Kollge = 동료
(N변화 명사이므로 단수 1격 외 모든 격에서 명사 뒤에 'n' 추가)
den Gebrauchtwagen meines Kollegen kaufen = 내(나의) 동료의 중고차를 구매하다 (남성 2격 소유관사로 명사를 수식할 수 있어요.)

MP3 듣고 따라 말하며 세 번씩 써보기	∩ mp3 029

①

②

③

응용해서 써본 후 MP3 듣고 따라 말하기	∩ mp3 030

① 그는 그의 여자 친구의 시를 읽는 것을 좋아해. [시 = n. Gedicht]

→

② 너의 (여자) 사촌의 결혼식은 어땠니? [사촌 = f. Cousine, 결혼식 = f. Hochzeit]

→

① Er liest gern die Gedichte seiner Freundin.

② Wie war die Hochzeit deiner Cousine?

Einer der Studenten kommt aus Frankreich.

학생들 중 한 명은 프랑스 출신이다.

① einer der Studenten = 학생들 중 한 명

여러 명 중 한 명을 가리킬 때 2격 수식어의 단수 명사 성을 기준으로 부정대명사를 사용합니다.

Studenten의 단수는 남성명사이므로 남성 1격 einer를 사용합니다. (부록 참고 p.172)

② kommen aus = ~ 출신이다, 국적이 ~이다

aus Frankreich kommt = 프랑스 출신이다

MP3 듣고 따라 말하며 세 번씩 써보기	🎧 mp3 031
①	
②	
③	

응용해서 써본 후 MP3 듣고 따라 말하기	🎧 mp3 032

① 내 친구 중 한 명이 곧 출산을 해. [곧, 금방 = bald]

→

② 아이들 중 한 명이 사고 중에 다쳤어. [~ 중 = beim, 재난, 사고 = m. Unfall]

→

① Eine meiner Freundinnen bekommt bald ein Baby.

② Eins der Kinder wurde beim Unfall verletzt.

Keiner meiner Freunde will mit ihm reden.

내 친구들 중 아무도 그와 대화하고 싶어하지 않아.

① keiner meiner Freunde = 나의 친구들 중 아무도

부정대명사 keiner 역시 정관사 어미가 반영되어 2격 수식된 복수명사의 단수 형태의 명사 성을 기준으로 사용합니다. Freunde의 단수 형태는 남성명사이므로 남성 1격이 쓰였습니다.

② mit jdm. reden = ~와 이야기하다

mit ihm reden = 그와 이야기하다(대화하다)

MP3 듣고 따라 말하며 세 번씩 써보기	🎧 mp3 033
①	
②	
③	

응용해서 써본 후 MP3 듣고 따라 말하기	🎧 mp3 034

① 도시들 중 아무 곳도 그 정책을 제공하지 않아요. [정책 = f. Politik]

→

② 기업들 중 아무 데도 올해 채용하지 않아요. [기업 = n. Unternehmen]

→

---

① Keine der Städte bietet die Politik an.

② Keines der Unternehmen stellt dieses Jahr ein.

— Mein Handy ist viel leichter als deins. —

내 휴대폰이 너의 것보다 훨씬 가벼워.

① 소유대명사	남성명사(m.)	여성명사(f.)	중성명사(n.)	복수명사(pl.)
1격 (주격)	deiner	deine	deines	deine

위의 문장에서 n. Handy(휴대폰)은 중성명사이므로 deins(= deines)로 쓰였습니다.

② leichter als = ~보다 가벼운

leicht의 비교급은 leichter의 형태로 변화하며, als와 함께 사용되어 'leichter als + 비교
대상'과 같이 사용됩니다.

MP3 듣고 따라 말하며 세 번씩 써보기	🎧 mp3 035

①

②

③

응용해서 써본 후 MP3 듣고 따라 말하기	🎧 mp3 036

① 그의 가방은 나의 것보다 훨씬 더 커. [가방 = f. Tasche]

　　→

② 그녀의 아버지는 우리 아버지보다 훨씬 더 엄하셔. [엄한 = streng(비교급:strenger)]

　　→

---

① Seine Tasche ist viel größer als meine.

② Ihr Vater ist viel strenger als meiner.

49

Sie geht mir auf die Nerven.

걔가 날 짜증나게 해.

① pl. Nerven = 신경 (대부분 복수형으로 사용) / auf + 4격 = ~ 위로

   → auf die Nerven gehen = 신경 위를 걸어가다(→ 신경에 거슬리다, 짜증나다)

   신경을 거슬리게 하거나 감정적으로 신경질 나게 만드는 대상에게 사용하는 표현입니다. 사람뿐

   만 아니라 사물에게도 사용하며 '짜증나게 만드는 대상'이 주어가 됩니다.

② (동일 표현) auf die Nerven fallen/gehen = 신경을 건드리다, 짜증나게 하다

   → Sie fällt mir auf die Nerven. = 걔가 날 짜증나게 해.

MP3 듣고 따라 말하며 세 번씩 써보기	🎧 mp3 037

① _____

② _____

③ _____

응용해서 써본 후 MP3 듣고 따라 말하기	🎧 mp3 038

① 저 소음이 나에게 거슬려. [소음 = der Lärm]

   →

② 파리들이 너에게 거슬리지 않니? [파리 = pl. Fliegen]

   →

① Der Lärm geht mir auf die Nerven.

② Gehen dir die Fliegen nicht auf die Nerven?

50

Mir ist zu kalt.

나에게는 **너무 추워.**

---

① mir = 나에게 (ich의 3격)

　개인적인 감정이나 느낌을 표현할 때에는 인칭 대명사 3격을 이용해서 나에게만 해당되는 것

　으로 표현합니다.

② 가주어(es)는 도치가 되면 생략 가능합니다.

　Es ist mir zu kalt. = 나에게(는) 너무 추워.

　→ [도치] Mir ist es zu kalt. = [생략] Mir ist zu kalt.

MP3 듣고 따라 말하며 세 번씩 써보기	🎧 mp3 039

① _____

② _____

③ _____

응용해서 써본 후 MP3 듣고 따라 말하기	🎧 mp3 040

① 나한테는 약간 지루해. [지루한 = langweilig]

　→ _____

② 나 속이 안 좋아. [울렁거리는 = übel, (상태가) 나쁜 = schlecht]

　→ _____

---

① Mir ist etwas langweilig.

② Mir ist übel/schlecht.

정답 p.054

01 Ich kann ( ) nicht zustimmen.

나는 그 주장에 동의할 수 없어.

02 Die Frau glaubt ( ) nicht.

그 여자는 그 남자를 믿지 않아.

03 Es gibt viele Andenken ( ).

중세 시대의 기념품들이 많이 있다.

04 Die Bäckerei ( ) ist hier sehr beliebt.

그 소녀의 빵집은 여기서 매우 유명하다.

05 Er hilft einer ( ) Frau.

그는 울고 있는 한 여자를 돕는다.

06 Das Kleid ( ) einer Tasche.

그 원피스는 가방과 잘 어울려.

07 Das ( ) ich dir und deiner Familie!

너와 너의 가족에게 정말 잘됐다!

08 ( ) die Jacke deiner Schwester?

이 자켓이 너의 여동생 것이니?

09 Sie kauft den Gebrauchtwagen ( ).

그녀는 내 동료의 중고차를 구입해.

10 Er liest gern die Gedichte ( ).

그는 그의 여자 친구의 시를 읽는 것을 좋아해.

11 (　　　　　) der Studenten kommt aus Frankreich.

학생들 중 한 명은 프랑스 출신이다.

12 Eins der Kinder wurde (　　　　　　　　) verletzt.

아이들 중 한 명이 사고 중에 다쳤어.

13 (　　　　　　　　　) will mit ihm reden.

내 친구들 중 아무도 그와 대화하고 싶어하지 않아.

14 (　　　　　　　　　　) stellt dieses Jahr ein.

기업들 중 아무 데도 올해 채용하지 않아요.

15 Mein Handy ist viel (　　　　　　) deins.

내 휴대폰이 너의 것보다 훨씬 가벼워.

16 Ihr Vater ist viel (　　　　　) als meiner.

그녀의 아버지는 우리 아버지보다 훨씬 더 엄하셔.

17 Sie geht mir (　　　　　　　).

걔가 날 짜증나게 해.

18 (　　　　　　　　) geht mir auf die Nerven.

저 소음이 나에게 거슬려.

19 Mir ist zu (　　　　).

나에게는 너무 추워. (가주어 도치)

20 Mir ist etwas (　　　　　　).

나한테는 약간 지루해. (가주어 도치)

01 der Argumentation	11 Einer
02 dem Mann	12 beim Unfall
03 des Mittelalters	13 Keiner meiner Freunde
04 des Mädchens	14 Keines der Unternehmen
05 weinenden	15 leichter als
06 passt	16 strenger
07 gönne	17 auf die Nerven
08 Gehört	18 Der Lärm
09 meines Kollegen	19 kalt
10 seiner Freundin	20 langweilig

MEMO 틀린 문장이 있을 경우 아래에 몇 번씩 반복해서 써보세요.

LEKTION 03

위치와 방향을 나타내는 전치사 익히기

Viele Touristen liegen
den ganzen Tag am Strand.

많은 여행객들이 하루 종일 해변가에 누워 있어요.

① an = ~ 옆 (닿아있는 상태) → an + 3격 = ~ 옆에 / an + 4격 = ~ 옆으로

m. Strand = 해변 → am Strand = 해변 옆에(서), 해변가에(서)

남성/중성의 명사 앞에서 an+dem(3격)을 줄여 am으로 표현할 수 있어요. an 뒤에 3격이

오면 정지된 상태로, 4격이 오면 이동하는 상태로 이해하면 쉽습니다.

② liegen = ~에 놓여 있다 (정지된 상태이므로 전치사의 격은 3격)

den ganzen Tag = 하루 종일 (시간 개념은 4격으로 표현)

MP3 듣고 따라 말하며 세 번씩 써보기 🎧 mp3 041

① _____

② _____

③ _____

응용해서 써본 후 MP3 듣고 따라 말하기 🎧 mp3 042

① 나는 매일 강가에서 조깅을 해. [강 = m. Fluss]

→ _____

② 나의 가족은 여름마다 바닷가로 떠나. [바다 = n. Meer]

→ _____

---

① Am Fluss gehe ich jeden Tag joggen.

② Meine Familie fährt jeden Sommer ans Meer.

Auf der Insel Jeju verbringen wir eine schöne Zeit.

제주도에서 우리는 좋은 시간을 보낸다.

① auf = ~ 위 (닿아있는 상태) → auf + 3격 = ~ 위에 / auf + 4격 = ~ 위로

auf der Insel = 섬에서

열린 공간이나 이벤트, 행사를 일컫는 명사 앞에는 전치사 auf를 사용합니다.

② verbringen = (시간을) 보내다

schöne Zeit verbringen = 좋은 시간을 보내다

eine verbringen는 시간 개념만 목적어로 사용할 수 있어요.

MP3 듣고 따라 말하며 세 번씩 써보기 ⌒ mp3 043

①

②

③

응용해서 써본 후 MP3 듣고 따라 말하기 ⌒ mp3 044

① 그녀는 거리에서 구운 소시지를 판다. [구운 소시지 = f. Bratwurst]

→

② 그는 기타를 카펫 위로 놓는다. [놓다, 두다 = legen, 카펫 = n. Teppich]

→

---

① Sie verkauft Bratwurst auf der Straße.

② Er legt seine Gitarre auf den Teppich.

— Neben dem Tisch steht ein Kühlschrank. —

테이블 옆에는 냉장고가 있어.

---

① neben = ~ 옆 (사물과 떨어져 있는 상태)

→ neben + **3격** = ~ 옆에 / neben + **4격** = ~ 옆으로

neben dem Tisch = 테이블 옆에(는)

② stehen = ~에 세워져 있다 (정지된 상태이므로 전치사 3격을 취함)

ein Kühlschrank steht = 냉장고가 (세워져) 있다

참고로 stellen(~로 세우다)은 전치사 4격을 취하니 헷갈리지 않도록 유의하세요.

MP3 듣고 따라 말하며 세 번씩 써보기	∩ mp3 045

①

②

③

응용해서 써본 후 MP3 듣고 따라 말하기	∩ mp3 046

① 책장 옆에 조명스탠드가 있어. [조명스탠드 = f. Stehlampe]

→

② 나의 독일어 선생님은 내 옆에 앉아 계셔. [독일어 선생님 = m. Deutschlehrer]

→

---

① Neben dem Regal steht eine Stehlampe.

② Mein Deutschlehrer sitzt neben mir.

Ein Mobile hängt über dem Babybett.

모빌이 아기 침대 위에 걸려 있어.

---

① über = ~ 위 (사물과 떨어져 있는 상태)

→ über + **3격** = ~ 위에 / über + **4격** = ~ 위로

② hängen = 걸다, 걸려 있다

두 가지 의미로 해석될 수 있기 때문에 전치사와 관사에 주목해야 합니다. 주로 <u>사물이 주어일</u> <u>경우에는</u> '걸려 있다'로, <u>사람이 주어일 경우에는</u> '걸다'로 해석되는 경우가 많으니 유의하세요.

MP3 듣고 따라 말하며 세 번씩 써보기	∩ mp3 047

①

②

③

응용해서 써본 후 MP3 듣고 따라 말하기	∩ mp3 048

① 엄마가 아기 침대 위로 모빌을 걸고 있어.

→

② 세탁기 위에 빨래가 걸려 있어. [세탁기 = f. Waschmaschine]

→

---

① Die Mutter hängt ein Mobile über das Babybett.

② Über der Waschmaschine hängt die Wäsche.

—— Unter meinem Bett liegen alte Bücher. ——

내 침대 아래에는 오래된 책들이 쌓여 있어.

① unter = ~ 아래

  → unter + <u>3격</u> = ~ 아래에 / unter + <u>4격</u> = ~ 아래로

② n. Bett = 침대 → unter meinem Bett = 내 침대 아래에(는)

  중성명사 앞에서 소유관사 3격이 사용된 상태입니다.

  alte Bücher = 오래된 책들 (복수 4격 형용사 어미변화)

  → alte Bücher liegen = 오래된 책들이 (쌓여) 있다

MP3 듣고 따라 말하며 세 번씩 써보기	🎧 mp3 049

①

②

③

응용해서 써본 후 MP3 듣고 따라 말하기	🎧 mp3 050

① 책상 아래에는 그녀의 가방들이 놓여 있다. [가방 = f. Tasche, 놓여 있다 = liegen]

  →

② 1층 아랫층은 지상층이 있다. [층 = m. Stock, 1층 = n. Erdgeschoss]

  →

① Unter den Tisch liegen ihre Taschen.

② Unter dem ersten Stock liegt das Erdgeschoss.

Vor der Kirche findet ein Weihnachtsmarkt statt.

교회 앞에서 크리스마스 마켓이 열린다.

① vor = ~ 앞

→ vor + 3격 = ~ 앞에(서) / vor + 4격 = ~ 앞으로

vor der Kirche = 교회 앞에서 (여성 3격)

② stattfinden = 개최되다, 열리다 (분리동사이기 때문에 분리전철은 문장 끝에 위치)

m. Weihnachtsmarkt = 크리스마스 마켓

→ ein Weihnachtsmarkt findet statt = 크리스마스 마켓이 열리다

MP3 듣고 따라 말하며 세 번씩 써보기	∩ mp3 051

①

②

③

응용해서 써본 후 MP3 듣고 따라 말하기	∩ mp3 052

① 시청 앞에 노선버스가 다녀. [시청 = n. Rathaus, 노선버스 = m. Linienbus]

→

② 화장실 앞에 줄이 길게 서 있어. [화장실 = f. Toilette, 줄, 긴 행렬 = f. Schlange]

→

① Vor dem Rathaus fährt ein Linienbus.

② Vor der Toilette ist eine lange Schlange.

Hinter der Geschichte ist immer die Wahrheit.

역사 뒷면에는 항상 진실이 있다.

① hinter = ~ 뒤 (닿아있는 상태)

　→ hinter + 3격 = ~ 뒤에서 / hinter + 4격 = ~ 뒤로

　hinter der Geschichte = 역사 뒤에/뒷면에(는) (여성 3격)

② f. Wahrheit = 진실 / immer = 항상

　die Wahrheit는 [wahr = 진실된] 형용사에서 파생된 명사입니다.

　Hinter A ist immer die Wahrheit. = A 뒤에/뒷면에(는) 항상 진실이 있다.

MP3 듣고 따라 말하며 세 번씩 써보기	∩ mp3 053
①	
②	
③	

응용해서 써본 후 MP3 듣고 따라 말하기	∩ mp3 054

① 포스터 뒤에 광고지가 가려져 있다. [광고 = f. Anzeige, 숨어 있는 = versteckt]

　→

② 학교 뒤에 주차를 할 수 있다. [학교 = f. Schule, 주차하다 = parken]

　→

① Hinter dem Poster ist eine Anzeige versteckt.
② Hinter der Schule kann man sein Auto parken.

TAG 028 ___월 ___일

Ich wohne in einer Wohngemeinschaft.

나는 공동 기숙사에 살고 있어.

① in = ~ 안 → in + 3격 = ~ 안에서 / in + 4격 = ~ 안으로

주로 건물 안이나 특정 공간을 표현할 때 사용합니다.

② f. Wohngemeinschaft = 공동 기숙사

in einer Wohngemeinschaft = 공동 기숙사 안에서

Wohngemeinschaft는 줄여서 WG라고 부르기 때문에 in einer WG라고 표기할 수

있습니다.

MP3 듣고 따라 말하며 세 번씩 써보기	∩ mp3 055

①

②

③

응용해서 써본 후 MP3 듣고 따라 말하기	∩ mp3 056

① 나는 시내 중심가에서 세탁소를 찾고 있어. [세탁소 = m. Waschsalon]

→

② 토요일에 그들은 둘이서 영화관에 간다. [둘이서 = zu zweit, 영화관 = n. Kino]

→

① Ich suche einen Waschsalon im Zentrum.

② Am Samstag gehen sie zu zweit ins Kino.

Die Wohnungen außerhalb der Stadt sind billiger.

도시 외곽에 있는 집들은 가격이 저렴해요.

① außerhalb = ~ 밖에, ~ 외부에

장소와 시간 개념 앞에 사용할 수 있는 전치사입니다. 장소 개념과 함께 사용하면 '~ 밖에, ~ 외부에'로 해석하고, 시간 개념과 함께 사용하면 '~ 외 시간'으로 해석합니다.

② f. Stadt = 도시, 시내

außerhalb der Stadt = 도시 외곽의(에)

außerhalb는 2격 지배 전치사이므로 여성 2격 관사를 사용합니다.

MP3 듣고 따라 말하며 세 번씩 써보기　　　　　　　　　　🎧 mp3 057

①

②

③

응용해서 써본 후 MP3 듣고 따라 말하기　　　　　　　　　　🎧 mp3 058

① 영업시간 외에는 주문하실 수 없습니다. [영업시간 = f. Öffnungszeit]

　　→

② 사람들은 노트북을 근무 시간 외에도 사적으로 사용할 수 있어요. [사용하다 = nutzen]

　　→

① Sie können außerhalb der Öffnungszeiten nicht bestellen.
② Man kann den Laptop auch außerhalb der Arbeitszeit privat nutzen.

Kommst du zu mir nach Hause?

우리 집에 놀러 올래?

① zu mir nach Hause = 나의 집으로 (목적지를 표현)

zu(사람에게로) + jdm. nach Hause(집으로)와 같이 두 표현이 합쳐지면 '그 사람의 집으로'라는 의미가 됩니다. '사람에게로' 움직임을 나타내는 전치사와 '집으로' 움직임을 나타내는 전치사를 잘 구분해 주세요.

② bei mir zu Hause = 나의 집에서(는) (장소를 표현)

bei jdm. (~(누구)의 집) + zu Hause (집에서) = 누군가의 집에서(는)

MP3 듣고 따라 말하며 세 번씩 써보기	🎧 mp3 059

①

②

③

응용해서 써본 후 MP3 듣고 따라 말하기	🎧 mp3 060

① 우리는 그냥 집에서 쉬려고 해. [쉬다 = chillen (구어체)]

→

② 우리 집에는 영화방이 따로 있어. [영화방 = n. Heimkinoraum]

→

① Wir chillen einfach zu Hause.

② Bei mir zu Hause habe ich ein Heimkinoraum.

정답 p.068

01 Viele Touristen liegen (   ) am Strand.

많은 여행객들이 하루 종일 해변가에 누워 있어요.

02 Am Fluss (   ) ich jeden Tag (   ).

나는 매일 강가에서 조깅을 해.

03 Auf der Insel Jeju (   ) wir eine schöne (   ).

제주도에서 우리는 좋은 시간을 보낸다.

04 Sie verkauft Bratwurst (   ).

그녀는 거리에서 구운 소시지를 판다.

05 (   ) steht ein Kühlschrank.

테이블 옆에는 냉장고가 있어.

06 Mein Deutschlehrer (   ) neben mir.

나의 독일어 선생님은 내 옆에 앉아 계셔.

07 Ein Mobile hängt (   ).

모빌이 아기 침대 위에 걸려 있어.

08 (   ) hängt die Wäsche.

세탁기 위에 빨래가 걸려 있어.

09 (   ) liegen alte Bücher.

내 침대 아래에는 오래된 책들이 쌓여 있어.

10 (   ) liegen ihre Taschen.

책상 아래에는 그녀의 가방들이 놓여 있다.

11 (   ) findet ein Weihnachtsmarkt statt.

교회 앞에서 크리스마스 마켓이 열린다.

12 Vor der Toilette ist (   ).

화장실 앞에 줄이 길게 서 있어.

13 (   ) ist immer die Wahrheit.

역사 뒷면에는 항상 진실이 있다.

14 Hinter der Schule kann man sein (   ).

학교 뒤에 주차를 할 수 있다.

15 Ich wohne (   ).

나는 공동 기숙사에 살고 있어.

16 Ich suche einen Waschsalon (   ).

나는 시내 중심가에서 세탁소를 찾고 있어.

17 Die Wohnungen (   ) sind billiger.

도시 외곽에 있는 집들은 가격이 저렴해요.

18 Sie können (   ) nicht bestellen.

영업시간 외에는 주문하실 수 없습니다.

19 Kommst du (   )?

우리 집에 놀러 올래?

20 Wir (   ) einfach (   ).

우리는 그냥 집에서 쉬려고 해.

01	den ganzen Tag	11	Vor der Kirche
02	gehe / joggen	12	eine lange Schlange
03	verbringen / Zeit	13	Hinter der Geschichte
04	auf der Straße	14	Auto parken
05	Neben dem Tisch	15	in einer Wohngemeinschaft
06	sitzt	16	im Zentrum
07	über dem Babybett	17	außerhalb der Stadt
08	Über der Waschmaschine	18	außerhalb der Öffnungszeiten
09	Unter meinem Bett	19	zu mir nach Hause
10	Unter dem Tisch	20	chillen / zu Hause

MEMO 틀린 문장이 있을 경우 아래에 몇 번씩 반복해서 써보세요.

LEKTION 04

시간을 나타내는 전치사 익히기

— Warum bin ich im Frühling so müde? —

왜 나는 봄에 이렇게 졸릴까?

---

① in = ~ 안(가운데)에

하루가 넘어가는 모든 시간 개념은 전치사 in으로 수식한다는 점! 월, 계절 등을 말할 때나 가까운 시일을 예견할 때 쓰입니다. 위에서와 같이 계절은 남성명사로 전치사 im(= in dem)을 사용합니다.

→ im + Frühling(봄) / Sommer(여름) / Herbst(가을) / Winter(겨울)

② müde = 피곤한 → Ich bin so müde. = 나 너무 피곤해.

MP3 듣고 따라 말하며 세 번씩 써보기	🎧 mp3 061

①

②

③

응용해서 써본 후 MP3 듣고 따라 말하기	🎧 mp3 062

① 한 시간 후에 그녀는 다시 돌아와. [(1)시간 = f. Stunde, 오다, 도착하다 = kommen]

→

② 밤에는 많이 먹으면 안 돼. [먹다 = essen]

→

---

① In einer halben Stunde kommt sie wieder.

② In der Nacht soll man nicht viel essen.

Am Montag
werde ich die Abschlussprüfung machen.
난 월요일에 졸업 시험을 쳐.

① am Montag = 월요일에

하루가 넘어가지 않는 시간 개념이나 하루의 때를 나타낼 때에는 전치사 am을 사용합니다.

② werden + 동사원형 = 미래형

미래형은 werden을 조동사로 사용하며 본동사는 원형으로 문장 끝에 위치합니다.

f. Abschlussprüfung = 졸업 시험 / eine Prüfung machen = 시험을 치르다

MP3 듣고 따라 말하며 세 번씩 써보기   🎧 mp3 063

①

②

③

응용해서 써본 후 MP3 듣고 따라 말하기   🎧 mp3 064

① 오후에 한 손님이 방문할 예정이야. [방문하러 오다 = (zu Jdm.) zu Besuch kommen]

→

② 금요일 저녁에 그녀는 일찍 집에 가. [가다 = gehen, 보다 이른 = früher]

→

---

① Am Nachmittag wird ein Kunde zu Besuch kommen.

② Am Freitagabend geht sie früher nach Hause.

Mein Vater liest immer
beim Frühstück die Zeitung.

우리 아빠는 아침 식사할 ~~때마다~~ 신문을 보셔.

① bei = ~할 때, ~할 경우에

beim Frühstück = 아침 식사 때 (*bei+dem = beim)

Frühstück은 중성명사로 중성 3격 정관사 dem이 붙어 bei dem Frühstück →
beim Frühstück으로 쓰였습니다. 전치사 bei는 상황을 진행형으로 표현할 때 사용합니다.

② f. Zeitung = 신문 → eine Zeitung lesen = 신문을 읽다

MP3 듣고 따라 말하며 세 번씩 써보기	⌒ mp3 065

①

②

③

응용해서 써본 후 MP3 듣고 따라 말하기	⌒ mp3 066

① 장을 볼 때 이 앱으로 시간을 절약할 수 있어요! [절약하다 = sparen]

→

② 그는 식사할 때 항상 말을 너무 많이 해. [많이 = viel, 식사 = n. Essen]

→

---

① Beim Einkaufen können Sie mit der App Zeit sparen!

② Er redet immer zu viel beim Essen.

Sie kommt gegen 7 Uhr
von der Arbeit nach Hause.
그녀는 7시쯤 직장에서 집으로 돌아와.

① gegen = ~시쯤(에) (대략)

정확하지 않은 시각을 말할 때 전치사 gegen을 사용합니다.

반대로 정확한 시각을 표현할 때에는 전치사 um을 붙입니다.

→ gegen 7 = 7시쯤(7시경) / um 7 = 7시(정각)에

② f. Arbeit = 일, 일터 → von der Arbeit = 일터에서부터, 직장에서부터

nach = ~의 쪽으로, ~을 향해서 → nach Hause = 집으로

MP3 듣고 따라 말하며 세 번씩 써보기	🎧 mp3 067

①

②

③

응용해서 써본 후 MP3 듣고 따라 말하기	🎧 mp3 068

① 우리 그럼 오전 10시쯤 만나자. [만나다 = sich treffen]

→

② 나는 11시쯤 자는 편이야. [잠에 들다 = einschlafen]

→

① Treffen wir uns dann gegen 10 Uhr nachmittags.

② Ich schlafe gegen 11 Uhr ein.

73

Innerhalb eines Monats
erhalten Sie eine Rückerstattung.
한 달 안에 당신은 환불받으실 수 있습니다.

① innerhalb = ~ 이내에

정해진 기한을 한정적으로 표현할 때 사용할 수 있는 전치사입니다.

2격 지배 전치사이기 때문에 항상 2격 관사를 맞춰 주어야 합니다.

→ innerhalb eines Monats = 한 달 안에

② f. Rückerstattung = 환불

eine Rückerstattung erhalten = 환불을 받다

MP3 듣고 따라 말하며 세 번씩 써보기	🎧 mp3 069

①

②

③

응용해서 써본 후 MP3 듣고 따라 말하기	🎧 mp3 070

① 저는 이것을 하루 안에 처리할 수 있어요. [처리하다 = erledigen]

→

② 물품은 일주일 안에 보내 드리도록 하겠습니다. [물품 = f. Ware]

→

> ① Ich kann das innerhalb eines Tages erledigen.
> ② Wir senden Ihnen die Ware innerhalb einer Woche zu.

___ Während des Fluges muss man

die elektronischen Geräte ausschalten.

비행 중에는 전자 기기를 꺼 놓아야 해요.

① während = ~하는 동안에

어떤 일이 진행되는 사이, 진행되는 동안 동시에 일어나는 상황을 표현할 때 사용하는 전치사입니다. 2격 지배 전치사이므로 2격 관사에 주의하세요.

② n. Gerät = 기기, 장비 (pl. Geräte) → elektronische Geräte = 전자 기기들 ausschalten = (전류를) 차단하다, (스위치를) 끄다 → elektronische Geräte ausschalten = 전자 기기를 끄다

MP3 듣고 따라 말하며 세 번씩 써보기   🎧 mp3 071

①

②

③

응용해서 써본 후 MP3 듣고 따라 말하기   🎧 mp3 072

① 아이들은 수업 중에 질문을 많이 해요. [질문하다 = Fragen stellen]

　→

② 근로 시간 동안 저는 많은 손님들을 응대해요. [근로 시간 = f. Arbeitszeit]

　→

| ① Kinder stellen während des Unterrichts viele Fragen. |
| ② Während der Arbeitszeit berate ich viele Kunden. |

75

— Seit einem Jahr wohne ich in Deutschland. —

1년 전부터 저는 독일에 살고 있어요.

① seit = ~ 이래로

　　3격 지배 전치사이므로 시간 개념을 말할 때에도 관사에 주의해야 합니다.

　　이처럼 seit 전치사는 3격 지배로 <u>복수 3격+n</u>으로 표현하기 때문에 Jahren으로 씁니다.

　　→ seit einem Jahr = 1년 전 이래로, 1년 전부터

　　　 seit zwei Jahren = 2년 전부터

② seit는 과거부터 현재까지 이어져 오는 상황을 말하기 때문에 현재시제를 사용해요.

MP3 듣고 따라 말하며 세 번씩 써보기	🎧 mp3 073

①

②

③

응용해서 써본 후 MP3 듣고 따라 말하기	🎧 mp3 074

① 한 달 전부터 난 독일어를 배우고 있어. [달 = m. Monat]

　　→

② 그들은 벌써 결혼한 지 10년이 되었어요. [연, 해 = n. Jahr, 결혼한 = verheiratet]

　　→

> ① Seit einem Monat lerne ich Deutsch.
>
> ② Sie sind schon seit 10 Jahren verheiratet.

Der Unterricht beginnt um 9 Uhr morgens.

수업은 아침 9시에 시작해.

① um = ~시에 → um 9 Uhr morgens = 아침 9시에

정확한 시간을 표현할 때에는 전치사 um을 붙입니다. 오전·오후 시간대를 구분하는 경우에는 시간 뒤에 morgens(아침에) / nachmittags(오후에) / abends(저녁에)처럼 시간 부사를 붙여 주면 됩니다.

② beginnen = 시작하다

beginnen 대신에 동일한 의미를 지니고 있는 anfangen를 써도 됩니다.

MP3 듣고 따라 말하며 세 번씩 써보기	∩ mp3 075

①

②

③

응용해서 써본 후 MP3 듣고 따라 말하기	∩ mp3 076

① 너는 몇 시에 자러 가니? [잠자리, 침대 = n. Bett]

→

② 12시에 그는 동료들과 점심을 먹어. [동료 = n. Kollege (pl. Kollegen)]

→

① Um wie viel Uhr gehst du ins Bett?

② Um 12 Uhr isst er mit den Kollegen zu Mittag.

Vor einem Jahr habe ich ihn
zum ersten Mal getroffen.
1년 전에 나는 처음으로 그를 만났어.

① vor = ~ 전에, ~ 앞에(서) → vor einem Jahr = 1년 전에

시간 전치사로 쓰일 때에는 '~ 전에'로, 공간 전치사로 쓰일 때에는 '~ 앞'으로 해석합니다. 공간 전치사로 쓰일 때엔 의미에 따라 3격 또는 4격을 사용하며, 시간 전치사로 쓰일 때엔 3격을 사용합니다.

② jdn. treffen = ~를 만나다 → haben + getroffen = 만났다 (현재완료형)

독일어에서 현재완료형은 과거를 표현할 때 구어체에서만 사용합니다.

MP3 듣고 따라 말하며 세 번씩 써보기	○ mp3 077

①

②

③

응용해서 써본 후 MP3 듣고 따라 말하기	○ mp3 078

① 너는 이틀 전에 무엇을 했니?

→

② 너 15분 전에 피자 한 판을 먹었어. [피자 한 판 = eine ganze Pizza]

→

① Was hast du vor zwei Tagen gemacht?

② Du hast vor einer Viertelstunde eine ganze Pizza gegessen.

Viele Geschäfte schließen
zwischen Weihnachten und Neujahr.
많은 상점들은 크리스마스와 새해 사이에 문을 닫아요.

① zwischen = ~ 사이에 (3격) → zwischen A und B = A와 B 사이에

시간적, 공간적 의미의 전치사로 모두 사용할 수 있습니다. 시간적 의미로는 '~ 기간 사이에'로,

공간적 의미로는 '~ 공간 사이에'로 해석합니다.

② n. Geschäft = 가게, 상점 (pl. Geschäfte)

Geschäfte schließen = 상점들이 문을 닫는다

Geschäfte sind geschlossen = 상점들이 닫힌 상태이다

MP3 듣고 따라 말하며 세 번씩 써보기	🎧 mp3 079

①

②

③

응용해서 써본 후 MP3 듣고 따라 말하기	🎧 mp3 080

① 나는 학기 사이에 아르바이트를 구할 거야. [부업, 아르바이트 = m. Nebenjob]

→

② 내 방은 욕실과 부엌 사이에 있어. [욕실 = n. Badezimmer, 부엌 = f. Küche]

→

> ① Ich werde zwischen den Semestern einen Nebenjob suchen.
> ② Mein Zimmer ist zwischen dem Badezimmer und der Küche.

QUIZ

01 Warum bin ich ( ) so müde?

왜 나는 봄에 이렇게 졸릴까?

02 ( ) soll man nicht viel essen.

밤에는 많이 먹으면 안 돼.

03 Am Montag werde ich ( ).

난 월요일에 졸업 시험을 쳐.

04 Am Nachmittag wird ein Kunde ( ).

오후에 한 손님이 방문할 예정이야.

05 Mein Vater liest immer ( ) die Zeitung.

우리 아빠는 아침 식사할 때마다 신문을 보셔.

06 Beim Einkaufen können Sie mit der App ( )!

장을 볼 때 이 앱으로 시간을 절약할 수 있어요!

07 Sie kommt ( ) von der Arbeit nach Hause.

그녀는 7시쯤 직장에서 집으로 돌아와.

08 Ich ( ) gegen 11 Uhr ( ).

나는 11시쯤 자는 편이야.

09 ( ) erhalten Sie eine Rückerstattung.

한 달 안에 당신은 환불받으실 수 있습니다.

10 Ich kann das ( ) erledigen.

저는 이것을 하루 안에 처리할 수 있어요.

11 (   ) muss man die elektronischen Geräte ausschalten.

비행 중에는 전자 기기를 꺼 놓아야 해요.

12 (   ) berate ich viele Kunden.

근로 시간 동안 저는 많은 손님들을 응대해요.

13 (   ) wohne ich in Deutschland.

1년 전부터 저는 독일에 살고 있어요.

14 Sie sind schon seit 10 Jahren (   ).

그들은 벌써 결혼한 지 10년이 되었어요.

15 Der Unterricht beginnt (   ).

수업은 아침 9시에 시작해.

16 (   ) gehst du ins Bett?

너는 몇 시에 자러 가니?

17 (   ) habe ich ihn (   ) getroffen.

1년 전에 나는 처음으로 그를 만났어.

18 Du hast (   ) eine ganze Pizza gegessen.

너 15분 전에 피자 한 판을 먹었어.

19 Viele Geschäfte schließen zwischen (   ) und (   ).

많은 상점들은 크리스마스와 새해 사이에 문을 닫아요.

20 Ich werde zwischen den Semestern (   ).

나는 학기 사이에 아르바이트를 구할 거야.

01	im Frühling	11	Während des Fluges
02	In der Nacht	12	Während der Arbeitszeit
03	die Abschlussprüfung machen	13	Seit einem Jahr
04	zu Besuch kommen	14	verheiratet
05	beim Frühstück	15	um 9 Uhr morgens
06	Zeit sparen	16	Um wie viel Uhr
07	gegen 7 Uhr	17	Vor einem Jahr / zum ersten Mal
08	schlafe / ein	18	vor einer Viertelstunde
09	Innerhalb eines Monats	19	Weihnachten / Neujahr
10	innerhalb eines Tages	20	einen Nebenjob suchen

MEMO 틀린 문장이 있을 경우 아래에 몇 번씩 반복해서 써보세요.

LEKTION 05

현재완료형 : 지난 일 말하기

Ich habe vor 2 Jahren als Sekretärin gearbeitet.

난 2년 전에 비서로 일했었어.

① arbeiten = 일하다 [arbeitete - gearbeitet]

과거분사 규칙변화는 'ge+_t' 형태로 변화합니다. 동사 어간이 '-d, -t'로 끝나면 어미에 모음이 추가되어 '_et'로 끝납니다. 현재완료형 문장에서 조동사인 haben 동사는 두 번째 자리에, 과거분사는 문장 맨 끝에 위치하는 것이 특징입니다.

② f. Sekretärin = 여자 비서 / als ~ arbeiten = ~(직업)으로서 일하다

als Sekretärin arbeiten = 비서로 일하다

MP3 듣고 따라 말하며 세 번씩 써보기 mp3 081

①

②

③

응용해서 써본 후 MP3 듣고 따라 말하기 mp3 082

① 우리는 공원에서 배드민턴을 쳤어. [배드민턴 = m. Federball]

→

② 너희 아버지의 생신 선물을 샀니? [생일 선물 = n. Geburtstagsgeschenk]

→

① Wir haben im Park Federball gespielt.

② Hast du das Geburtstagsgeschenk für deinen Vater gekauft?

Er hat an der Universität Germanistik studiert

그는 대학에서 독문학을 전공했어.

① studieren = 전공하다 [studierte - studiert]

동사 어미가 -ieren으로 끝나는 동사들은 동사 앞에 ge-가 붙지 않습니다. 주로 영단어에서

파생된 동사들이 이러한 특징을 가집니다.

② f. Universität = 대학

an der Universität = 대학에서

an der Universität studieren = 대학에서 전공하다(공부하다)

MP3 듣고 따라 말하며 세 번씩 써보기	🎧 mp3 083

①

②

③

응용해서 써본 후 MP3 듣고 따라 말하기	🎧 mp3 084

① 너희들은 이미 Frau Kim과 통화했니? [통화하다 = telefonieren]

→

② 우리는 그 주제에 대해 충분히 토론했어. [토론하다 = diskutieren]

→

① Habt ihr schon mit Frau Kim telefoniert?

② Wir haben über das Thema genug diskutiert.

Sie hat ihren Freund zur Party mitgebracht.

그녀는 그녀의 남자 친구를 파티에 데리고 왔어.

① mitbringen = 데리고 오다, 가지고오다 [brach…mit - mitgebracht]

mit+gebracht = mitgebracht와 같이 분리동사는 본동사의 과거분사 형태에 분리전철을 붙여 주는 형태입니다. (*전철 = 동사 앞에 붙어서 동사의 의미를 정하는 일종의 접두사, 분리전철과 비분리전철로 구분)

② f. Party = 파티 / zu + 행사/파티 = ~(그 행사)로

zur Party = 파티로 (*zur = zu der의 축약형)

MP3 듣고 따라 말하며 세 번씩 써보기	🎧 mp3 085

①

②

③

응용해서 써본 후 MP3 듣고 따라 말하기	🎧 mp3 086

① 오늘은 나의 딸을 데리러 가지 않았어. [데리러 가다 = jdn. abholen]

→

② 그녀는 나에게 변호사를 소개시켜 주었어. [소개하다 = jdn. vorstellen]

→

---

① Heute habe ich nicht meine Tochter abgeholt.

② Sie hat mir einen Anwalt vorgestellt.

— Sie haben das noch nicht verstanden. —

그들은 아직도 이해를 못했어요.

① verstehen = 이해하다 [verstand - verstanden]

ver+(ge)standen = verstanden

전철이 동사에 붙어서 분리되지 않으면 비분리동사라 지칭하며(반대로, 전철이 동사와 분리되어 문장 맨 끝으로 가면 분리동사), 이 비분리동사는 비분리전철(ver-)이 이미 있기 때문에 과거분사의 ge-가 붙지 않는 것이 특징입니다.

② noch nich = 아직 아닌 → noch nicht verstanden = 아직 이해하지 못했다

MP3 듣고 따라 말하며 세 번씩 써보기	🎧 mp3 087

①

②

③

응용해서 써본 후 MP3 듣고 따라 말하기	🎧 mp3 088

① 우리는 국립 박물관을 방문했어요. [방문하다 = besuchen]

→

② 제 지갑을 잃어버렸어요. [잃어버리다 = verlieren]

→

① Wir haben ein nationales Museum besucht.

② Ich habe mein Portemonnaie verloren.

Wir haben entschieden, eine neue Kaffeemaschine zu kaufen.

새 커피 머신을 사기로 우린 결정했어.

① entscheiden = 결정하다 [entschied - entschieden]

과거분사 불규칙변화는 동사 어간의 모음에 변화가 있습니다. entscheiden처럼 모음 'ei'가
포함된 동사들은 'ie'로 바뀌는 것이 특징입니다.

② zu kaufen = 구매하는 것 / f. Kaffeemaschine = 커피 머신

eine Kaffeemaschine zu kaufen = 커피 머신을 구매하는 것

참고로 zu 부정사는 항상 동사원형과 함께 쓰이며, 문장 끝에 위치합니다.

MP3 듣고 따라 말하며 세 번씩 써보기	🎧 mp3 089

①

②

③

응용해서 써본 후 MP3 듣고 따라 말하기	🎧 mp3 090

① 나는 그에게 우산을 빌려주었어. [빌려주다 = jdm. leihen]

→

② 그는 사장님께 이메일을 썼어. [쓰다 = schreiben]

→

① Ich habe ihm einen Regenschirm geliehen.

② Er hat seinem Chef eine E-Mail geschrieben.

Er hat am Flughafen
einer älteren Dame geholfen.
그는 공항에서 한 할머니를 도왔어요.

① helfen = ~를 돕다 [half - geholfen]

동사 어간의 모음 'e'는 과거분사에서 'o'로 변화하는 동사들이 있습니다. 그 외에도
[empfehlen = 추천하다 / sprechen = 말하다] 등이 있으니 과거분사 형태로 바꿔 보세요.

② m. Flughafen = 공항

am Flughafen = 공항에서 (*am = an dem의 축약형)

MP3 듣고 따라 말하며 세 번씩 써보기	∩ mp3 091

①

②

③

응용해서 써본 후 MP3 듣고 따라 말하기	∩ mp3 092

① 그 판매원은 나에게 이 색상을 추천했어요. [추천하다 = empfehlen]

→

② 10분 전에 나는 그와 이야기를 했어요. [이야기하다, 말하다 = sprechen]

→

① Der Verkäufer hat mir die Farbe empfohlen.

② Vor 10 Minuten habe ich mit ihm gesprochen.

Wie viel Wasser habt ihr heute getrunken?

너희 오늘 물을 얼마나 마셨니?

① trinken = 마시다 [trank - getrunken]

　동사 어간의 모음 'i'가 'u'로 교체됩니다. 비슷한 변화 형태로는 [finden = 찾다 / singen

　= 노래하다] 등이 있습니다.

② wie viel = 얼마나 많은 / n. Wasser = 물

　wie viel Wasser = 얼마나 많은 양의 물

　불가산 명사일 때는 'wie viel ~', 가산 명사일 때는 'wie viele ~'로 사용됩니다.

MP3 듣고 따라 말하며 세 번씩 써보기　　　　　　　　　　　○ mp3 093

①

②

③

응용해서 써본 후 MP3 듣고 따라 말하기　　　　　　　　　　　○ mp3 094

① 나 드디어 적절한 집을 찾았어. [찾(아내)다, 발견하다 = finden]

　→

② 크리스마스에 사람들은 함께 노래했어. [노래하다 = singen]

　→

---

① Ich habe endlich eine geeignete Wohnung gefunden.

② An Weihnachten haben die Leute zusammen gesungen.

── Ich habe ihr eine SMS zugesandt. ──

나는 그녀에게 문자를 보냈어.

① zusenden = 보내다 [sandte···zu - zugesandt]

동사 어간의 모음 'e'가 과거분사에서 'a'로 교체됩니다. 비슷한 변화 형태로는 [kennen = 알다 / nennen = 부르다] 등이 있습니다. 비슷하게 발음되는 동사들이 비슷한 형태로 변화하니 같이 묶어서 기억해 주세요.

② f. SMS = 문자

eine SMS senden = 문자를 보내다

MP3 듣고 따라 말하며 세 번씩 써보기	🎧 mp3 095

①

②

③

응용해서 써본 후 MP3 듣고 따라 말하기	🎧 mp3 096

① 그녀는 그의 이름을 알지 못했어. [알다 = kennen]

→

② 그는 항상 나를 '(애칭으로) 보물'이라고 불렀어. [부르다 = nennen]

→

① Sie hat seinen Namen nicht gekannt.

② Er hat mich immer 'Schatz' genannt.

91

Früher ist man weite Strecken zu Fuß gegangen.

옛날에는 먼 거리를 걸어 다녔어.

① gehen = 가다 [ging - gegangen]

장소의 이동을 뜻하는 동사들은 'sein'이 조동사로 쓰입니다. 이 외에도 [fahren (gefahren) = 타고 가다 / kommen (gekommen) = 오다 / fliegen (geflogen) = 날아가다 / laufen (gelaufen) = 달리다] 등의 동사가 있습니다.

② zu Fuß gehen = 걸어서 가다 / weit = 먼 / f. Strecke = 거리

weite Strecken zu Fuß gehen = 먼 곳을 걸어서 가다

MP3 듣고 따라 말하며 세 번씩 써보기	🎧 mp3 097

①

②

③

응용해서 써본 후 MP3 듣고 따라 말하기	🎧 mp3 098

① 우리는 기차를 타고 베를린에 갔어. [타고 가다 = fahren]

→

② 그 아기는 자정에 태어났어. [태어나다 = auf die Welt kommen]

→

---

① Wir sind mit dem Zug nach Berlin gefahren.

② Das Baby ist an Mitternacht auf die Welt gekommen.

Ich bin auf der Straße

meinem Nachbarn begegnet.

나는 거리에서 이웃을 마주쳤어.

① begegnen = ~를 마주치다 [begegnete - begegnet]

한국어 의미상 '누군가를' 마주치는 것으로 해석하여 4격 목적어로 떠올릴 수 있지만 독일어에서는 3격 목적어를 취하는 동사이기 때문에 사용에 주의해야 합니다. sein 동사를 조동사로 취하는 동사들의 특징은 상태의 변화, 장소 이동 등의 의미를 가지며, 이외 대부분의 동사들은 haben을 조동사로 취합니다.

② r. Nachbar = 이웃 (N변화 명사이므로 1격 단수 외 명사 뒤에 'n'이 추가)

MP3 듣고 따라 말하며 세 번씩 써보기	∩ mp3 099

①

②

③

응용해서 써본 후 MP3 듣고 따라 말하기	∩ mp3 100

① 그녀는 아침 일찍 깼어. [깨(어나)다 = aufwachen]

→

② 내 룸메이트가 방금 잠에 들었어. [잠들다 = einschlafen]

→

① Sie ist früh am Morgen aufgewacht.

② Mein Mitbewohner ist gerade eingeschlafen.

정답 p.096

01 Ich ( ) vor 2 Jahren als Sekretärin ( ).

난 2년 전에 비서로 일했었어.

02 Wir haben im Park ( ).

우리는 공원에서 배드민턴을 쳤어.

03 Er hat an der Universität ( ).

그는 대학에서 독문학을 전공했어.

04 Wir haben ( ) das Thema genug ( ).

우리는 그 주제에 대해 충분히 토론했어.

05 Sie hat ( ) Freund zur Party ( ).

그녀는 그녀의 남자 친구를 파티에 데리고 왔어.

06 Sie hat ( ) einen Anwalt ( ).

그녀는 나에게 변호사를 소개시켜 주었어.

07 Sie haben das noch ( ).

그들은 아직도 이해를 못했어요.

08 Ich ( ) mein Portemonnaie ( ).

제 지갑을 잃어버렸어요.

09 Wir ( ), eine neue Kaffeemaschine zu kaufen.

새 커피 머신을 사기로 우린 결정했어.

10 Ich ( ) ihm einen Regenschirm ( ).

나는 그에게 우산을 빌려주었어.

11 Er hat (   ) einer älteren Dame (   ).

그는 공항에서 한 할머니를 도왔어요.

12 Der Verkäufer hat (   ) die Farbe (   ).

그 판매원은 나에게 이 색상을 추천했어요.

13 Wie viel Wasser (   ) ihr heute (   )?

너희 오늘 물을 얼마나 마셨니?

14 Ich habe endlich (   ) gefunden.

나 드디어 적절한 집을 찾았어.

15 Ich habe ihr (   ).

나는 그녀에게 문자를 보냈어.

16 Sie hat seinen Namen (   ).

그녀는 그의 이름을 알지 못했어.

17 Früher ist man weite Strecken (   ).

옛날에는 먼 거리를 걸어 다녔어.

18 Wir sind (   ) nach Berlin (   ).

우리는 기차를 타고 베를린에 갔어.

19 Ich (   ) auf der Straße meinem Nachbarn (   ).

나는 거리에서 이웃을 마주쳤어.

20 Mein Mitbewohner (   ) gerade (   ).

내 룸메이트가 방금 잠에 들었어.

01	habe / gearbeitet	11	am Flughafen / geholfen
02	Federball gespielt	12	mir / empfohlen
03	Germanistik studiert	13	habt / getrunken
04	über / diskutiert	14	eine geeignete Wohnung
05	ihren / mitgebracht	15	eine SMS zugesandt
06	mir / vorgestellt	16	nicht gekannt
07	nicht verstanden	17	zu Fuß gegangen
08	habe / verloren	18	mit dem Zug / gefahren
09	haben entschieden	19	bin / begegnet
10	habe / geliehen	20	ist / eingeschlafen

MEMO 틀린 문장이 있을 경우 아래에 몇 번씩 반복해서 써보세요.

LEKTION 06

과거형 :
지난 일 글로 표현하기

— Warst du schon einmal in Europa? —

유럽에 가 본 적 있니?

① sein = ~이다 [war - gewesen]

sein 동사는 현재완료형에서 [ist…gewesen]으로 중복적으로 사용되기 때문에 현재완료 보다는 과거형으로 더 자주 사용되는 동사입니다. 모든 과거형은 1인칭과 3인칭이 동일하며, 다른 인칭은 규칙적으로 어미변화합니다.

② schon einmal in … sein = ~에 가 본 적이 있다

경험의 여부를 물을 때 자주 사용하는 표현입니다.

MP3 듣고 따라 말하며 세 번씩 써보기	🎧 mp3 101

① _____

② _____

③ _____

응용해서 써본 후 MP3 듣고 따라 말하기	🎧 mp3 102

① 나는 일주일 내내 집에만 있었어. [일주일 = f. Woche]

→ _____

② 처음에는 정말 힘들었어. [정말, 매우 = sehr]

→ _____

① Ich war die ganze Woche nur zu Hause.

② Es war am Anfang sehr schwer.

Er hatte früher ein Pool im Garten.

그는 옛날에 정원에 수영장을 가지고 있었어.

① haben = 가지다 [hatte - gehabt]

haben 동사도 현재완료형에서 [hat…gehabt]로 조동사와 과거분사 형태가 중복적으로

사용되기 때문에 과거형으로 더욱 자주 사용됩니다.

② n. Pool = 가정용 풀장(수영장)

m. Garten = 정원 / im = 안에서

ein Pool im Garten = 정원에 있는 수영장

MP3 듣고 따라 말하며 세 번씩 써보기	🎧 mp3 103

①

②

③

응용해서 써본 후 MP3 듣고 따라 말하기	🎧 mp3 104

① 나는 운이 없었어. [불운 = n. Pech]

→

② 그는 과거에 사업이 아주 성공적이었어. [성공하다 = Erfolg haben]

→

① Ich hatte Pech.

② Er hatte füher im Unternehmen viel Erfolg.

Die Arbeitsplätze wurden jedes Jahr mehr.

일자리는 매년 늘어났다.

① werden = ~이 되다 [wurde - geworden]

werden 동사는 미래형과 수동태 문장에서 조동사로 사용되는 동사이므로 과거형으로 사용되는 경우가 많습니다. 일반동사로 쓰이는 경우에는 '~이 되다'라는 의미로 해석됩니다.

② jed- = 매~, ~마다 (정관사 어미변화) → jedes Jahr = 매년

mehr = 보다(더욱) 많이

MP3 듣고 따라 말하며 세 번씩 써보기	∩ mp3 105

①

②

③

응용해서 써본 후 MP3 듣고 따라 말하기	∩ mp3 106

① 날씨가 더욱 추워졌어. [점점 더 = immer+비교급, 추운, 찬 = kalt (kälter - kältest)]

→

② 그 동호회는 매년 성장했다(커졌다). [큰, 높은 = groß (größer - größte)]

→

① Das Wetter wurde immer kälter.

② Der Verein wurde jedes Jahr größer.

Ich wusste nicht,

dass es so viele Infektionsfälle gibt.

코로나 확진자가 이렇게 많은지 몰랐어.

① wissen = 알다 [wusste - gewusst]

wissen 동사는 지식이나 정보를 알고 있는 경우에 사용하는 동사입니다. 흔히 kennen 동사
와 혼동할 수 있는데 kennen은 '누구를 알고 있다'라는 의미로, 아는 대상에 따라 쓰이는 동
사가 달라진다는 점 기억해 두세요.

② dass = ~하는 것, ~인 것 (접속사)

위에서와 같이 dass절에서 동사는 '후치(문장 끝에 위치)'합니다.

MP3 듣고 따라 말하며 세 번씩 써보기	∩ mp3 107

①

②

③

응용해서 써본 후 MP3 듣고 따라 말하기	∩ mp3 108

① 나는 그것을 전혀 몰랐어. [전혀 = gar]

→

② 나는 그 영화가 세계적으로 유명한지 몰랐어. [유명한 = bekannt]

→

① Das wusste ich gar nicht.

② Ich wusste nicht, dass der Film weltweit so bekannt ist.

Ich dachte,
dass du das schon beantwortet hast.
나는 네가 이미 답변했다고 생각했어.

① denken = 생각하다 [dachte - gedacht]

'~라고 생각했어'라는 표현은 현재완료형보다 과거형으로 자주 사용됩니다. 비슷한 형태로 변화하는 동사는 [bringen = 가지고오다 / brennen = 태우다 / kennen = 알다] 등이 있습니다. (부록 참고 p.175)

② beantworten = (질문 · 편지 따위에) 답하다

앞서 배웠듯이 dass절에서 동사는 '후치(문장 끝에 위치)'합니다.

MP3 듣고 따라 말하며 세 번씩 써보기	🎧 mp3 109

①

②

③

응용해서 써본 후 MP3 듣고 따라 말하기	🎧 mp3 110

① 그는 나에게 아침 식사로 빵을 가져다줬어. [가져다주다 = mitbringen]

→

② 나는 그들이 배가 고프다는 것을 알아차렸어. [알아차리다 = erkennen]

→

① Er brachte mir ein Brötchen mit zum Frühstück.

② Ich erkannte, dass sie Hunger haben.

Es gab **einen großen Supermarkt**

in meinem Dorf.

내 마을에는 큰 슈퍼마켓이 있었어.

---

① es gab = ~이 있었다 [gab - gegeben]

es gibt의 과거형 시제 표현으로 항상 4격 목적어를 동반하는 것은 동일합니다. 현재완료형보다 과거형으로 자주 사용됩니다.

② m. Supermarkt = 슈퍼마켓

einen großen Supermarkt = 큰 슈퍼마켓 (남성 4격)

n. Dorf = 마을, 동네 → in meinem Dorf = 나의(내) 마을에

MP3 듣고 따라 말하며 세 번씩 써보기	∩ mp3 111

①

②

③

응용해서 써본 후 MP3 듣고 따라 말하기	∩ mp3 112

① 호텔에는 수건이 없었어. [수건 = n. Handtuch (pl. Handtücher)]

→

② 축제에는 먹을 것이 많았어. [축제 = n. Fest, 많은 = viel]

→

---

① Im Hotel gab es keine Handtücher.

② Auf dem Fest gab es viel zu essen.

Sie bat mich um ein Glas Saft.

그녀는 나에게 고양이를 부탁했어.

① jdn. bitten um = ~에게 ~을 부탁하다 [bat - gebeten]

bitten(부탁하다)은 항상 전치사 um(~을)과 함께 쓰이며, bitten+A+um+B(A에게 B 를 부탁하다)와 같이 전치사 뒤(B 자리)에 부탁하는 내용을 써 주면 됩니다. 해석과 달리 4격 목 적어를 사용하는 동사이므로 주의하세요.

② 비슷한 4격 지배 동사로는 [fragen = 질문하다 / anrufen = 전화하다 / grüßen = 인 사하다] 등이 있습니다.

MP3 듣고 따라 말하며 세 번씩 써보기	∩ mp3 113
①	
②	
③	

응용해서 써본 후 MP3 듣고 따라 말하기	∩ mp3 114

① 축구 경기가 언제 시작되었니? [축구 경기 = n. Fußballspiel]

→

② 난 그것이 재미있었어. [재미있는 = interessant]

→

① Wann begann das Fußballspiel?

② Ich fand es sehr interessant.

Mein Lehrer empfahl,

eine Ausbildung zu machen.

선생님께서는 나에게 직업 교육을 받는 것을 추천하셨어.

① jdm. empfehlen = ~에게 추천하다 [empfahl - empfohlen]

　주어가 3인칭 단수이므로 empfahl 형태로 사용하며, 추천하는 대상은 3격 목적어로 쓰입니다.

② f. Ausbildung = 직업 교육 / zu + 동사 = ~하는 것

　eine Ausbildung machen = 직업 교육을 받다

　eine Ausbildung zu machen = 직업 교육을 받는 것

MP3 듣고 따라 말하며 세 번씩 써보기	🎧 mp3 115

①

②

③

응용해서 써본 후 MP3 듣고 따라 말하기	🎧 mp3 116

① 그녀는 그에게 전화하는 것을 잊어버렸어. [전화하다 = anrufen]

　→

② 우리는 여기서 고기를 굽는 것에 대한 허락을 받았어. [허가 = f. Erlaubnis]

　→

---

① Sie vergaß, ihn anzurufen.

② Wir bekamen die Erlaubnis, hier zu grillen.

— Er lernte sie in der Bibliothek kennen. —

나는 도서관에서 그녀와 알게 되었어.

① kennenlernen = ~(누구)와/(무엇)을 알게 되다

분리동사가 과거형으로 사용되더라도 분리전철은 현재 시제와 동일하게 문장 끝에 위치합니다.

② f. Bibliothek = 도서관

in der Bibliothek = 도서관에서

in (장소/시기) jdn. kennenlernen = ~에서 (누군가를) 알게 되다

MP3 듣고 따라 말하며 세 번씩 써보기	mp3 117

①

②

③

응용해서 써본 후 MP3 듣고 따라 말하기	mp3 118

① 우리는 구시가지로 이사했어. [구시가지 = f. Altstadt, 이사하다 = umziehen]

→

② 그는 벌써 운동으로 2kg을 감량했어. [(체중을) 감량하다 = abnehmen]

→

① Wir zogen in die Altstadt um.

② Mit Sport nahm er schon 2kg ab.

Ich wollte dir sagen, dass ich dich liebe.

너를 사랑한다고 말하려 했어.

① ich wollte = ~하려고 했다 (부록 참고 p.174)

화법조동사는 과거형에서 규칙변화하여 '-te'로 끝나는 형태로 변화합니다.

② jdn. lieben = ~를 사랑하다 / sagen = 말하다 / dass = ~인 것(을) (접속사)

Ich liebe dich. = 나는 너를 사랑해.

dass ich dich liebe = (내가) 너를 사랑하는 것을 → 너를 사랑한다고

Ich wollte dir sagen, dass ich dich liebe. = 너를 사랑한다고 말하려 했어.

MP3 듣고 따라 말하며 세 번씩 써보기	∩ mp3 119

①

②

③

응용해서 써본 후 MP3 듣고 따라 말하기	∩ mp3 120

① 그 기차는 연착되지 않았어야 해. [~했어야 했다 = durfte (1,3인칭)]

→

② 나는 그 문제만 없었다면 제시간에 도착할 수 있었어. [~할 수 있었다 = konnte (1,3인칭)]

→

> ① Der Zug durfte heute nicht abfahren.
>
> ② Ich konnte ohne Probleme rechtzeitig ankommen.

정답 p.110

01 (   ) in Europa?

유럽에 가 본 적 있니?

02 Ich war (   ) nur zu Hause.

나는 일주일 내내 집에만 있었어.

03 Er hatte früher (   ).

그는 옛날에 정원에 수영장을 가지고 있었어.

04 Er hatte füher im Unternehmen (   ).

그는 과거에 사업이 아주 성공적이었어.

05 (   ) wurden jedes Jahr (   ).

일자리는 매년 늘어났다.

06 Das Wetter wurde (   ).

날씨가 더욱 추워졌어.

07 (   ), dass es so viele Infektionsfälle gibt.

코로나 확진자가 이렇게 많은지 몰랐어.

08 Ich wusste nicht, dass der Film (   ) ist.

나는 그 영화가 세계적으로 유명한지 몰랐어.

09 Ich dachte, dass du das schon (   ).

나는 네가 이미 답변했다고 생각했어.

10 (   ), dass sie Hunger haben.

나는 그들이 배가 고프다는 것을 알아차렸어.

11   Es gab (   ) in meinem Dorf.

내 마을에는 큰 슈퍼마켓이 있었어.

12   (   ) gab es viel zu essen.

축제에는 먹을 것이 많았어.

13   Sie (   ) um ein Glas Saft.

그녀는 나에게 고양이를 부탁했어.

14   Wann (   ) das (   )?

축구 경기가 언제 시작되었니?

15   Mein Lehrer (   ), (   ) zu machen.

선생님께서는 나에게 직업 교육을 받는 것을 추천하셨어..

16   Wir (   ) die Erlaubnis, hier zu (   ).

우리는 여기서 고기를 굽는 것에 대한 허락을 받았어.

17   Er (   ) sie in der Bibliothek (   ).

나는 도서관에서 그녀와 알게 되었어.

18   Mit Sport (   ) er schon 2kg (   ).

그는 벌써 운동으로 2kg을 감량했어.

19   Ich (   ) dir (   ), dass ich dich liebe.

너를 사랑한다고 말하려 했어.

20   Ich (   ) ohne Probleme rechtzeitig (   ).

나는 그 문제만 없었다면 제시간에 도착할 수 있었어.

01 Warst du schon einmal	11 einen großen Supermarkt
02 die ganze Woche	12 Auf dem Fest
03 ein Pool im Garten	13 bat mich
04 viel Erfolg	14 begann / Fußballspiel
05 Die Arbeitsplätze / mehr	15 empfahl / eine Ausbildung
06 immer kälter	16 bekamen / grillen
07 Ich wusste nicht	17 lernte / kennen
08 weltweit so bekannt	18 nahm / ab
09 beantwortet hast	19 wollte / sagen
10 Ich erkannte	20 konnte / ankommen

MEMO 틀린 문장이 있을 경우 아래에 몇 번씩 반복해서 써보세요.

LEKTION 07

재귀동사 이해하기

Sie setzt sich auf den Stuhl.

그녀는 의자에 앉는다.

① setzen = 앉히다 → sich setzen = (주어 자신을) 앉히다 (= 앉다)

재귀동사의 사전적 의미로는 어떤 동작의 작용이 주어 쪽으로 되돌아오게 하는 동사를 말합니다. '주어+타동사+목적어(주어 자신)'와 같이 주어와 동일한 대상인 재귀대명사와 타동사를 사용해요. 즉, '내가 나를 앉히다 = 내가 앉다'라고 해석할 수 있어요(*재귀대명사를 굳이 해석하지 않고 타동사는 마치 자동사인 것처럼 해석).

② m. Stuhl = 의자 → auf den Stuhl = 의자 위로 (남성 4격)

MP3 듣고 따라 말하며 세 번씩 써보기	🎧 mp3 121
①	
②	
③	

응용해서 써본 후 MP3 듣고 따라 말하기	🎧 mp3 122

① 앉아 주세요(앉으세요).

→

② 당신과 합석해도 될까요?

→

① Setzen Sie sich bitte.

② Darf ich mich zu Ihnen setzen?

Ich wasche mir immer

vor dem Essen die Hände.

나는 먹기 전에 손을 씻어.

① waschen = 씻기다 → sich waschen = 씻다

  mir die Hände waschen = 나에게 손을 씻겨 주다 (= 손을 씻다)

  목적어 없이 말할 때에는 4격 재귀대명사를 사용, 4격 목적어가 등장하면 재귀대명사는 3격

  을 사용합니다(*목적어 유무에 따라 재귀대명사의 격이 변화).

② (비슷한 형태의 표현) sich³ die Nase putzen = 코를 풀다 / sich³ die Zähne putzen

  = 양치를 하다 → 4격 목적어를 동반하기 때문에 재귀대명사는 3격을 사용.

MP3 듣고 따라 말하며 세 번씩 써보기	⏵ mp3 123
①	
②	
③	

응용해서 써본 후 MP3 듣고 따라 말하기	⏵ mp3 124

① 사람들은 식사할 때 코를 풀지 않아. [식사 중에 = beim Essen]

  →

② 나는 식사 후에 양치를 해. [식사 후에 = nach dem Essen]

  →

① Man putzt sich beim Essen nicht die Nase.

② Ich putze mir nach dem Essen die Zähne.

Was ziehen Sie sich morgen an?

내일 무엇을 입을 예정이세요?

① anziehen = 옷을 입히다 → sich anziehen = 옷을 입다

Ich ziehe mich an. = 나에게 옷을 입히다. (= 내가 옷을 입다.)

Ich ziehe <u>mir</u> eine Jacke an. = 나에게 재킷을 입히다. (= 재킷을 입다.)

→ 목적어(eine Jacke)를 동반하기 때문에 재귀대명사는 <u>3격</u>으로 바뀌어요!

② 분리전철에 따라 뜻이 달라지므로 아래의 표현도 함께 숙지해 두면 좋아요.

sich umziehen = 옷을 갈아입다 / sich ausziehen = 옷을 벗다

MP3 듣고 따라 말하며 세 번씩 써보기	🎧 mp3 125
①	
②	
③	

응용해서 써본 후 MP3 듣고 따라 말하기	🎧 mp3 126

① 나는 매일 옷을 갈아입어.

→

② 왜 너는 외투를 벗지 않니? [외투 = m. Mantel]

→

> ① Ich ziehe mich jeden Tag um.
>
> ② Warum ziehst du dir den Mantel nicht aus?

Wie merkst du dir die Vokabeln so schnell?

어떻게 너는 단어들을 빠르게 외우니?

① sich merken = 명심하다, 기억하다

merken은 항상 4격 목적어를 동반하는 동사이므로 재귀대명사는 항상 3격으로 쓰입니다. 의문문에서 재귀대명사의 위치는 '동사+주어+재귀대명사' 또는 '의문사+동사+주어+재귀대명사'와 같은 순으로 쓰여요.

② f. Vokabel = 단어, 어휘 (pl. Vokabeln)

so(그렇게, 아주) + schnell(빠른) = 빠르게, 빨리

MP3 듣고 따라 말하며 세 번씩 써보기	🎧 mp3 127
①	
②	
③	

응용해서 써본 후 MP3 듣고 따라 말하기	🎧 mp3 128

① 그녀는 그 문장들을 모두 한 번에 외워. [한 번에 = auf einmal]

→

② 이것을 상상할 수 있겠니? [상상하다 = sich vorstellen]

→

---

① Sie merkt sich die Sätze alle auf einmal.

② Kannst du dir das vorstellen?

Wir leisten uns eine neue Küche.

우리는 새로운 부엌을 마련했어.

① sich leisten = 마련하다, 구매하다

여건이 충족된 상태에서 비싼 물품을 마련했을 때 사용하는 표현입니다. 항상 4격 목적어를 동반

하므로 3격 재귀대명사가 사용됩니다.

② f. Küche = 부엌

Wir leisten uns eine neue Küche.

= 우리는 새로운 부엌을 마련했어.

MP3 듣고 따라 말하며 세 번씩 써보기	∩ mp3 129

①

②

③

응용해서 써본 후 MP3 듣고 따라 말하기	∩ mp3 130

① 그들은 새 신발 사는 것을 좋아해. [(본인을 위해) 구매하다 = sich kaufen]

→

② 우리는 보트를 마련할 수 있어.

→

① Sie kaufen sich gerne neue Schuhe.
② Wir können uns ein Boot leisten.

Konzentriert **ihr** euch **nur** auf **die Mathematik?**

너희들은 수학에만 집중하니**?**

① sich konzentrieren auf = ~에 집중하다

Ich konzentriere mich auf etw. = 나는 ~에 집중한다.

항상 전치사 auf와 함께 사용됩니다.

② 아래의 표현도 함께 익혀 두세요.

sich vorbereiten auf = ~을 준비하다

sich beschäftigen mit = ~을 (집중적으로) 다루다

MP3 듣고 따라 말하며 세 번씩 써보기	🎧 mp3 131
①	
②	
③	

응용해서 써본 후 MP3 듣고 따라 말하기	🎧 mp3 132

① 나는 시험을 준비해야 돼. [시험 = f. Prüfung]

→

② 요즘 그것을 연구 중이야(그 일을 하고 있어). [요즘 = zurzeit]

→

---

① Ich muss mich auf die Prüfung vorbereiten.

② Damit beschäftige ich mich zurzeit.

Ich interessiere mich für verschiedene Kulturen.

나는 다양한 문화에 관심이 많아.

① sich interessieren für = ~에 관심이 있다

Ich interessiere mich dafür. = 나는 그것에 관심이 많다.

항상 전치사 für와 함께 사용됩니다.

② f. Kultur = 문화

verschiedene Kulturen = 다양한 문화들

MP3 듣고 따라 말하며 세 번씩 써보기	🎧 mp3 133

①

②

③

응용해서 써본 후 MP3 듣고 따라 말하기	🎧 mp3 134

① 너도 역사에 관심이 많니? [역사 = f. Geschichte]

→

② 우리는 그 수업을 선택했어. [과정, 강좌 = m. Kurs]

→

① Interessierst du dich auch für Geschichte?

② Wir haben uns für den Kurs entschieden.

Ich erinnere mich nicht an meine Kindheit.

나는 내 어린 시절이 기억나지 않아.

① sich erinnern an = ~을 기억하다

Ich errinere mich daran. = 나는 그것을 기억해.

Ich errinere mich nicht daran. = 나는 그것을 기억하지 않아.

항상 전치사 an을 동반합니다.

(파생 명사) f. Erinnerung = 기억, 추억

② f. Kindheit = 어린 시절 → an meine Kindheit = 나의 어린 시절에 대해

MP3 듣고 따라 말하며 세 번씩 써보기	🎧 mp3 135
①	
②	
③	

응용해서 써본 후 MP3 듣고 따라 말하기	🎧 mp3 136

① 너 나를 기억하니?

→

② 나는 여행에 대한 많은 기억들을 공유하고 싶어. [이야기하다 = erzählen]

→

---

① Erinnerst du dich an mich?

② Ich möchte viele Erinnerungen von der Reise erzählen.

Ich bedanke mich für Ihre Einladung.

당신의 초대에 감사드립니다.

① sich bedanken für = ~에 대해 감사하다

격식을 차린 감사의 표현으로 für 뒤에는 '감사한 일(내용)'을 씁니다. '감사한 대상'을 표현할 땐

아래와 같이 전치사 bei 뒤에 써 주면 됩니다.

Ich bedanke mich bei Ihnen. = (저는) 당신께 감사를 드립니다.

② f. Einladung = 초대

für Ihre Einladung = 당신의 초대에 대해

MP3 듣고 따라 말하며 세 번씩 써보기	🎧 mp3 137
①	
②	
③	

응용해서 써본 후 MP3 듣고 따라 말하기	🎧 mp3 138

① 저는 그것에 대해 감사를 표하고 싶습니다.

→

② 당신께 감사를 표하려 했었어요.

→

① Ich möchte mich dafür bedanken.
② Ich wollte mich bei Ihnen bedanken.

120

TAG 070 ___월 ___일

—— Wir freuen uns sehr über Ihren Besuch. ——

우리는 당신의 방문에 대해 매우 기쁩니다.

① sich freuen über = ~에 대해 기쁘다

현재 또는 과거 사실에 대해 기뻐하는 표현입니다. 아직 일어나지 않은 미래 사건에 대해 기쁠 때에는 전치사 auf를 사용합니다.

Ich freue mich über ~. = 나는 ~에 대해 기쁘다.

Ich freue mich auf ~. = 나는 ~에 대해 기대된다.

② m. Besuch = 방문 (besuchen = 방문하다)

MP3 듣고 따라 말하며 세 번씩 써보기	🎧 mp3 139

①

②

③

응용해서 써본 후 MP3 듣고 따라 말하기	🎧 mp3 140

① 당신의 이메일을 받아 기쁩니다.

   →

② 그 소풍에 대해 그녀는 굉장히 기대하고 있어. [소풍 = m. Ausflug]

   →

① Ich freue mich sehr über Ihre E-Mail.

② Auf den Ausflug freut sie sich sehr.

QUIZ

01 Sie setzt sich (   ).

그녀는 의자에 앉는다.

02 Darf ich (   ) zu Ihnen (   )?

당신과 합석해도 될까요?

03 Ich (   ) immer vor dem Essen (   ).

나는 먹기 전에 손을 씻어.

04 Ich (   ) nach dem Essen (   ).

나는 식사 후에 양치를 해.

05 Was (   ) Sie sich morgen (   )?

내일 무엇을 입을 예정이세요?

06 (   ) ziehst du dir (   ) nicht aus?

왜 너는 외투를 벗지 않니?

07 (   ) dir die Vokabeln so schnell?

어떻게 너는 단어들을 빠르게 외우니?

08 Kannst du (   ) das (   )?

이것을 상상할 수 있겠니?

09 Wir (   ) eine neue Küche.

우리는 새로운 부엌을 마련했어.

10 Wir (   ) uns ein Boot (   ).

우리는 보트를 마련할 수 있어.

11 (   ) ihr (   ) nur auf die Mathematik?

너희들은 수학에만 집중하니?

12 Ich muss (   ) auf die Prüfung (   ).

나는 시험을 준비해야 돼.

13 Ich (   ) für verschiedene Kulturen.

나는 다양한 문화에 관심이 많아.

14 Interessierst du dich auch (   )?

너도 역사에 관심이 많니?

15 Ich (   ) nicht an meine Kindheit.

나는 내 어린 시절이 기억나지 않아.

16 Ich möchte (   ) erzählen.

나는 여행에 대한 많은 기억들을 공유하고 싶어.

17 Ich bedanke mich (   ).

당신의 초대에 감사드립니다.

18 Ich wollte mich (   ).

당신께 감사를 표하려 했었어요.

19 Wir (   ) Ihren Besuch.

우린 당신의 방문에 매우 기쁩니다.

20 (   ) freut sie sich sehr.

그 소풍에 대해 그녀는 굉장히 기대하고 있어.

1	auf den Stuhl	11	Konzentriert / euch
2	mich / setzen	12	mich / vorbereiten
3	wasche mir / die Hände	13	interessiere mich
4	putze mir / die Zähne	14	für Geschichte
5	ziehen / an	15	erinnere mich
6	Warum / den Mantel	16	viele Erinnerungen von der Reise
7	Wie merkst du	17	für Ihre Einladung
8	dir / vorstellen	18	bei Ihnen bedanken
9	leisten uns	19	freuen uns sehr über
10	können / leisten	20	Auf den Ausflug

MEMO 틀린 문장이 있을 경우 아래에 몇 번씩 반복해서 써보세요.

LEKTION 08

명령하기 & 부탁하기

Entschuldigen Sie mich bitte

für die Verspätung.

지각해서 ~~죄송합니다~~.

① jdn. entschuldigen = ~를 용서하다 (독일어로 양해를 구하거나 사과를 하는 경우에는 '저를 용서하세요(→ 실례합니다, 죄송합니다)'라는 문장으로 표현)

*존칭 Sie의 명령형 구조 : 동사원형 + Sie (주어와 동사의 도치 형태)

bitte는 '제발, ~ (좀) 해 주세요'와 같은 의미로 문장에 넣어 주면 한결 공손한 권유형 어투가 됩니다(~하세요 → ~해 주세요).

② f. Verspätung = 지각, 연착 → Verspätung haben = 지각을 하다

MP3 듣고 따라 말하며 세 번씩 써보기	∩ mp3 141

①

②

③

응용해서 써본 후 MP3 듣고 따라 말하기	∩ mp3 142

① 여기 앉으세요.

→

② 여기에 서명해 주세요.

→

① Nehmen Sie hier Platz, bitte.

② Unterschreiben Sie bitte hier.

Komm nicht zu spät nach Hause.

집에 너무 늦게 들어오지 마.

① zu spät kommen = 늦게 오다

*명령형의 기본 구조 : 동사 + 기타 문장 성분 (주어 없이 사용, 예외적으로 주어가 인칭대명사 Sie인 경우엔 써 줌)

2인칭 단수 du의 명령형은 동사의 인칭변화 상태에서 어미와 주어를 생략한 형태입니다.

du kommst → Komm!

② nach Hause = 집으로 → nach Hause kommen = 집에 오다

MP3 듣고 따라 말하며 세 번씩 써보기	mp3 143
①	
②	
③	

응용해서 써본 후 MP3 듣고 따라 말하기	mp3 144

① 그 텍스트 한번 읽어 봐. [읽어 주다 = vorlesen]

→

② 우산 잃어버리지 마! [잃다 = verlieren]

→

① Lies mal den Text vor.

② Verlier nicht den Regenschirm!

Macht euch keine Sorgen!

너무 걱정하지 마!

---

① f. Sorge = 걱정

sich³ Sorgen machen = 걱정하다

독일어의 명령문은 일반적으로 문장 끝에 느낌표를 붙이며, 어조에 따라 마침표도 사용할 수 있어요.

② 2인칭 복수 ihr의 명령형은 동사의 인칭변화 형태와 동일하며, 주어를 생략합니다.

ihr macht → Macht!

MP3 듣고 따라 말하며 세 번씩 써보기	∩ mp3 145

①

②

③

응용해서 써본 후 MP3 듣고 따라 말하기	∩ mp3 146

① 조금 더 인내심을 가져 보렴! [인내심을 가지다 = Geduld haben]

→

② 좋은 꿈 꾸렴! [꿈꾸다 = träumen]

→

---

① Habt ein bisschen Geduld!

② Träumt was Schönes!

Seien Sie anständig!

품행을 단정히 하세요!

① anständig = 단정한

sein(~이다) 동사의 존칭 명령형 변화는 'seien'입니다. 문장에서 사용할 때에는 주어와 함께 'Seien Sie ~!'로 표현합니다.

②

Sein	du bist → Sei!
동사의	ihr seid → Seid!
명령형	Sie → Seien Sie!

MP3 듣고 따라 말하며 세 번씩 써보기	🎧 mp3 147

①

②

③

응용해서 써본 후 MP3 듣고 따라 말하기	🎧 mp3 148

① 시간을 잘 지키세요! [시간을 엄수하는 = pünktlich]

→

② 조심하세요! [조심스러운 = vorsichtig]

→

① Seien Sie pünktlich!
② Seien Sie vorsichtig!

Sei nicht so laut.

너무 시끄럽게 하지 마.

---

① laut = 시끄러운

Sei nicht(하지 마라) + so(그렇게, 너무) laut(시끄러운)!

= 너무 시끄럽게 하지 마! (= 그렇게 시끄럽게 굴지 마!)

② du에게 하는 명령형인 sein 동사의 2인칭 단수 형태는 'sei'입니다. 형용사와 함께 사용하면

'~상태로 있어라'는 의미로 전달됩니다.

Sei still! = 가만히 있어! (= 얌전히 있어라!)

MP3 듣고 따라 말하며 세 번씩 써보기	🎧 mp3 149

①

②

③

응용해서 써본 후 MP3 듣고 따라 말하기	🎧 mp3 150

① 너무 두려워하지 말아라. [두려워하는 = ängstlich]

→

② 짜증내지 마! [짜증내는, 화내는 = sauer]

→

---

① Sei nicht so ängstlich.

② Sei nicht sauer!

Seid nicht **überrascht.**

애들아, 놀라지 마.

① überrascht = 놀라는

Seid nicht(하지 마라) + überrascht(놀라는). = 애들아, 놀라지 마.

ihr에게 하는 명령형인 sein 동사의 2인칭 복수 형태는 'seid'입니다. 동사의 인칭변화와 동일하며 주어를 생략합니다.

② 참고로 독일어 명령문은 단순 명령뿐만 아니라 제안, 회유, 부탁, 청원, 요청, 충고 · 조언과 같이 부드러운 부탁이나 권유의 뉘앙스로 많이 사용됩니다.

MP3 듣고 따라 말하며 세 번씩 써보기	🎧 mp3 151

① _____

② _____

③ _____

응용해서 써본 후 MP3 듣고 따라 말하기	🎧 mp3 152

① 애들아, 좀 조용히 해라! [조용한 = leise]

→

② 애들아, 실망하지 마. [실망한 = enttäuscht]

→

① Seid bitte leise!

② Seid nicht so enttäuscht.

Könnten Sie bitte **etwas langsamer sprechen?**

조금 천천히 말씀해 주시겠어요?

① können(할 수 있다) → könnten (접속법 2식 표현: 예의 바르고 공손한 어투)

　참고로 독일어에서 접속법 2식 문장에는 '~라면 좋을 것 같다'와 같은 가정의 의미가 내포되어, 위와 같이 정중하게 부탁하거나 공손하고 주의 깊은 질문에 사용할 뿐만 아니라 비현실적인 상 상 또는 소망할 때, 상대방과 입장을 바꿔 충고할 때도 사용해요.

② langsam = 느린

　langsamer sprechen = 더 느리게 말하다

MP3 듣고 따라 말하며 세 번씩 써보기	🎧 mp3 153
①	
②	
③	

응용해서 써본 후 MP3 듣고 따라 말하기	🎧 mp3 154

① 확인해 주실 수 있나요? [확인하다, 점검하다 = nachschauen]

　→

② 나 좀 도와줄 수 있겠니? [~를 돕다 = jdm. helfen]

　→

① Könnten Sie bitte nachschauen?
② Könntest du mir bitte helfen?

Ich hätte gern eine Packung Milch.

우유 한 팩 주세요.

---

① haben(가지고 있다) → hätte (접속법 2식 표현)

　　haben 동사의 접속법 2식 형태로 1, 3인칭 형태가 동일합니다. 직역하면 '~을 가지고 싶습니다'
　　라는 의미이며 식당이나 슈퍼마켓에서 주문할 때 사용합니다.

② f. Packung = 팩 (우유, 담배, 커피 등의 단위로 사용)

　　eine Packung Milch = 우유 한 팩

　　(f. Dose = 캔 / f. Flasche = 병 / m. Becher = 컵)

MP3 듣고 따라 말하며 세 번씩 써보기	🎧 mp3 155

①

②

③

응용해서 써본 후 MP3 듣고 따라 말하기	🎧 mp3 156

① 사과 케익 하나 주세요. [사과 케익, 애플 파이 = m. Apfelkuchen]

　→

② 감자 1kg 주세요. [감자들 = pl. Kartoffeln]

　→

---

① Ich hätte gern einen Apfelkuchen.

② Ich hätte gern 1kg Kartoffeln.

— Würdest du bitte **das Fenster zumachen?** —

창문 좀 닫아 주겠니?

① werden(~할 것이다) → würden (접속법 2식 표현)

werden 동사의 접속법 2식 형태로 의문문으로 사용하면 부탁하는 어조로 해석됩니다. 미래형

문장구조와 유사하게 동사원형과 함께 사용됩니다.

② n. Fenster = 창문

das Fenster zumachen = 창문을 닫다

(die Tür zumachen = 문을 닫다)

MP3 듣고 따라 말하며 세 번씩 써보기	🎧 mp3 157
①	
②	
③	

응용해서 써본 후 MP3 듣고 따라 말하기	🎧 mp3 158

① 불 좀 꺼 주실래요? [(불 따위를) 끄다 = ausmachen]

→

② 너희들이 나에게 설명 좀 해 주겠니? [설명하다 = erklären]

→

① Würden Sie bitte das Licht ausmachen?

② Würdet ihr mir bitte erklären?

Ich würde gern

für Donnerstag einen Termin machen.

저는 목요일에 예약을 잡고 싶습니다.

① würden gern = ~을 원하다 → Ich würde gern ~. = ~을 했으면 합니다.

실생활에서 정말 많이 쓰이는 würden은 여러 가지 뜻이 있는데, 대표적으로 '~하고 싶다(소망), ~해 주시겠습니까(공손한 부탁), ~했다면(가정)'의 표현으로 쓰입니다.

② m. Termin = 예약, 일정

einen Termin machen = 예약을 잡다

einen Termin verschieben = 일정을 미루다

MP3 듣고 따라 말하며 세 번씩 써보기	🎧 mp3 159

①

②

③

응용해서 써본 후 MP3 듣고 따라 말하기	🎧 mp3 160

① 방 하나 예약하고 싶습니다. [예약하다 = reservieren]

→

② 브로슈어 하나 받고 싶습니다. [받다, 얻다 = bekommen]

→

① Ich würde gern ein Zimmer reservieren.

② Ich würde gern eine Broschüre bekommen.

정답 p.138

01 Entschuldigen Sie mich bitte (   ).

지각해서 죄송합니다.

02 (   ) hier (   ), bitte.

여기 앉으세요.

03 (   ) zu spät nach Hause.

집에 너무 늦게 들어오지 마.

04 (   ) den Regenschirm!

우산 잃어버리지 마!

05 Macht euch (   )!

너무 걱정하지 마!

06 (   ) ein bisschen (   )!

조금 더 인내심을 가져 보렴!

07 Seien Sie (   )!

품행을 단정히 하세요!

08 Seien Sie (   )!

시간을 잘 지키세요!

09 (   ) so laut.

너무 시끄럽게 하지 마.

10 Sei nicht so (   ).

너무 두려워하지 말아라.

11 ( ) nicht ( ).

애들아, 놀라지 마.

12 Seid nicht so ( ).

애들아, 실망하지 마.

13 Könnten Sie bitte etwas ( )?

조금 천천히 말씀해 주시겠어요?

14 Könnten Sie bitte ( )?

확인해 주실 수 있나요?

15 ( ) eine Packung Milch.

우유 한 팩 주세요.

16 Ich hätte gern ( ).

사과 케익 하나 주세요.

17 Würdest du bitte ( )?

창문 좀 닫아 주겠니?

18 ( ) mir bitte erklären?

너희들이 나에게 설명 좀 해 주겠니?

19 Ich würde gern für Donnerstag ( ).

저는 목요일에 예약을 잡고 싶습니다.

20 ( ) ein Zimmer reservieren.

방 하나 예약하고 싶습니다.

1	für die Verspätung	11	Seid / überrascht
2	Nehmen Sie / Platz	12	enttäuscht
3	Komm nicht	13	langsamer sprechen
4	Verlier nicht	14	nachschauen
5	keine Sorgen	15	Ich hätte gern
6	Habt / Geduld	16	einen Apfelkuchen
7	anständig	17	das Fenster zumachen
8	pünktlich	18	Würdet ihr
9	Sei nicht	19	einen Termin machen
10	ängstlich	20	Ich würde gern

MEMO 틀린 문장이 있을 경우 아래에 몇 번씩 반복해서 써보세요.

LEKTION 09

약속 정하기 &
거절·승낙하기

– Wollen wir uns am Freitag um 2 Uhr treffen? –

우리 금요일 2시에 만나지 않을래?

① wollen wir = ~하지 않을래?

wollen(~하고야 말겠다) 동사는 원래 원하는 바를 말하는 화법조동사지만 의문문으로 사용하는 경우 제안하는 표현이 됩니다. 본동사는 원형으로 문장 끝에 위치합니다.

② sich treffen mit jdm. = ~와 약속하고 만나다

Wir treffen uns. = 우리는 서로(를) 만난다.

서로 약속해서 만나는 경우에는 treffen 동사를 재귀대명사와 함께 사용합니다.

MP3 듣고 따라 말하며 세 번씩 써보기　　　　　　　　　　　　🎧 mp3 161

①

②

③

응용해서 써본 후 MP3 듣고 따라 말하기　　　　　　　　　　　🎧 mp3 162

① 우리 내일 같이 식사하러 갈래? [식사하다 = essen]

　→

② 우리 집에서 커피 마실래? [커피를 마시다 = Kaffee trinken]

　→

---

① Wollen wir morgen zusammen essen gehen?

② Wollen wir bei mir zu Hause Kaffee trinken?

Wir können vielleicht

einen günstigen Zug nehmen.

우리는 아마 저렴하게 기차를 탈 수 있을 거야.

① können vielleicht = 아마 ~할 수 있을 거야

긍정적 가능성을 암시하는 상황에서 사용하는 표현입니다. 상대와 계획을 짜거나 상의하는 경우 응용할 수 있습니다.

② m. Zug = 기차

einen Zug nehmen = 기차를 타다

einen Bus nehmen = 버스를 타다 (m. Bus)

MP3 듣고 따라 말하며 세 번씩 써보기	∩ mp3 163

①

②

③

응용해서 써본 후 MP3 듣고 따라 말하기	∩ mp3 164

① 우린 아마 무료로 입장할 수 있을 거야. [무료의 = kostenlos]

→

② 우린 아마 그곳에 걸어갈 수 있을 거야. [걸어서 가다 = zu Fuß luafen]

→

① Wir können vielleicht kostenlos reinkommen.

② Wir können vielleicht zu Fuß dorthin laufen.

—— Was hast du **in den Ferien** vor? ——

방학 때 무엇을 할 계획이니?

① vorhaben = 계획하다

Was hast du ··· vor? = 무엇을 할 계획이니?

② pl. Ferien = 방학

Sommerferien = 여름 방학 / Winterferien = 겨울 방학

in den Ferien = 방학 때 (복수 3격)

항상 복수형으로 사용하는 명사이기 때문에 관사 사용에 주의해야 합니다.

MP3 듣고 따라 말하며 세 번씩 써보기	🎧 mp3 165

①

②

③

응용해서 써본 후 MP3 듣고 따라 말하기	🎧 mp3 166

① 너 이번 주말에 뭐 할 예정이야? [주말 = n. Wochenende]

→

② 휴가 때 무엇을 하실 예정인가요? [휴가 = m. Urlaub]

→

① Was hast du am kommenden Wochenende vor?
② Was haben Sie im Urlaub vor?

Hast du vielleicht
am nächsten Wochenende Zeit?
혹시 다음 주말에 시간 있니?

① Zeit haben = 시간을 가지다

　Hast du vielleicht … Zeit? = 혹시 ~(때에) 시간 있니?

② n. Wochenende = 주말

　am nächsten Wochenende = 다음 주말에

　(= am kommenden Wochenende)

　중성 3격 정관사와 형용사의 어미변화된 표현입니다.

MP3 듣고 따라 말하며 세 번씩 써보기	🎧 mp3 167

① _____

② _____

③ _____

응용해서 써본 후 MP3 듣고 따라 말하기	🎧 mp3 168

① 혹시 내일 오후에 시간 되니? [오후 = m. Nachmittag]

　→ _____

② 혹시 화요일 저녁에 시간 되니? [화요일 저녁 = m. Dienstagabend]

　→ _____

---

① Hast du vielleicht morgen Nachmittag Zeit?

② Hast du vielleicht am Dienstagabend Zeit?

—— Um wie viel Uhr sehen wir uns denn? ——

우리 몇 시에 만나는 거야?

① um wie viel Uhr = 몇 시(경)에

sich sehen = 서로 보다

Um wie viel Uhr <u>sehen wir uns</u>? = 몇 시에 우리 만나?

sich treffen의 동의어로 간주하여 '서로 만나다'로 해석합니다.

② 문장 끝에 denn을 붙여 친근한 어투로 말을 건내면서 상대에 대한 관심을 나타냅니다.

MP3 듣고 따라 말하며 세 번씩 써보기	🎧 mp3 169
①	
②	
③	

응용해서 써본 후 MP3 듣고 따라 말하기	🎧 mp3 170

① 기차는 몇 시에 출발하니? [출발하다 = abfahren]

→

② 파티는 몇 시에 시작되니? [시작하다 = anfangen]

→

① Um wie viel Uhr fährt der Zug ab?
② Um wie viel Uhr fängt deine Party an?

– Wann möchtest du **die Party veranstalten?** –

너는 언제 **파티를 열** 생각이야?

① möchten = ~을 원하다

wann möchtest du … ? = 너는 언제 ~하기를 원하니?

상대와 약속 또는 일정을 잡는 경우 이렇게 질문할 수 있습니다.

② veranstalten = 개최하다, 실행하다

eine Party veranstalten = 파티를 개최하다

(f. Veranstaltung = 행사)

MP3 듣고 따라 말하며 세 번씩 써보기	∩ mp3 171

①

②

③

응용해서 써본 후 MP3 듣고 따라 말하기	∩ mp3 172

① 언제 회의를 진행하고 싶으세요? [회의 = f. Besprechung]

→

② 언제 장 보러 가고 싶니? [장 보러 가다 = einkaufen gehen]

→

① Wann möchten Sie die Besprechung machen?

② Wann möchtest du einkaufen gehen?

Ich kann mir am Wochenende Zeit nehmen.

나는 주말에 시간을 낼 수 있어.

① sich³ Zeit nehmen = 시간을 내다, 여유를 갖다 (부록 : 재귀대명사 참고)

　재귀대명사와 함께 사용되며 주어에 상응하는 재귀대명사 3격을 사용합니다.

② können = 할 수 있다 / am Wochenende = 주말에

　Ich kann mir **am Wochenende** Zeit nehmen.

　= 나는 **주말에** 시간을 낼 수 있어.

MP3 듣고 따라 말하며 세 번씩 써보기	🎧 mp3 173
①	
②	
③	

응용해서 써본 후 MP3 듣고 따라 말하기	🎧 mp3 174

① 잠시 시간을 내줄 수 있니? [잠시 = kurz]

　→

② 나는 언제나 너를 위해 시간을 낼 수 있어. [언제나 = immer]

　→

① Kannst du dir kurz Zeit nehmen?

② Ich kann mir immer für dich Zeit nehmen.

Am nächsten Wochenende

geht es leider nicht.

다음 주말은 아쉽지만 어려울 것 같아.

① es geht = 상황이 ~하다

안부를 물을 때도 사용하며, 현재 상황으로 봐서는 '~할 것 같다'와 같이 가능성을 표현할 때도 사용합니다. 상대의 제안을 거절할 때 nicht을 넣어 응용해 보세요.

→ es geht nicht = 상황이 어려운 상태이다

② leider = 유감스럽게도, 아쉽게도

거절하는 상황에서 자주 사용되는 부사이며, 완곡하게 거절할 수 있는 표현입니다.

MP3 듣고 따라 말하며 세 번씩 써보기   🎧 mp3 175

①

②

③

응용해서 써본 후 MP3 듣고 따라 말하기   🎧 mp3 176

① 토요일 저녁에는 아쉽지만 어려울 것 같아. [토요일 저녁 = m. Samstagabend]

→

② 월요일 오후에는 아쉽지만 어려울 것 같아. [오후 = m. Nachmittag]

→

---

① Am Samstagabend geht es leider nicht.

② Morgen Nachmittag geht es leider nicht.

> # Da habe ich leider keine Zeit,
> ## weil ich eine andere Verabredung habe.
> ### 다른 약속이 있어서 그때 시간이 안 될 것 같아.

① weil = ~하기 때문에 (원인과 이유를 설명할 때 주문장 뒤에 붙여서 사용)

　A(주문장), weil+주어+(목적어)+ 문장 끝에 동사 위치. = ~해서(하기 때문에) A하다.

　접속사인 weil로 시작하는 문장의 동사는 문장 끝에 위치합니다.

② keine Zeit haben = 시간이 없다 / f. Verabredung = 약속

　Da habe ich keine Zeit, weil ich eine andere Verabredung habe.

　= 다른 약속이 있어서 그때 시간이 안 될 것 같아.

MP3 듣고 따라 말하며 세 번씩 써보기	🎧 mp3 177

①

②

③

응용해서 써본 후 MP3 듣고 따라 말하기	🎧 mp3 178

① 일이 너무 많기 때문에 그때 시간이 안 될 것 같아. [일 = f. Arbeit]

　→

② 독일어 수업이 있기 때문에 그때 시간이 안 될 것 같아. [독일어 수업 = Deutschkurs]

　→

> ① Da habe ich keine Zeit, weil ich zu viel Arbeit habe.
> ② Da habe ich keine Zeit, weil ich einen Deutschkurs habe.

Lass uns heute ins Kino gehen!

우리 오늘 영화 보러 가자!

① Lass uns = ~하자

   lassen 동사의 2인칭 명령형이지만 친구 사이에 적극적인 제안을 하는 경우에 사용할 수 있습니다.

② ins Kino gehen = 영화관에 가다

   Lass uns heute ins Kino gehen! = 우리 오늘 영화관에 가자(영화 보러 가자)!

   (ins Konzert gehen = 콘서트에 가다 / ins Theater gehen = 극장에 가다)

MP3 듣고 따라 말하며 세 번씩 써보기	🎧 mp3 179
①	
②	
③	

응용해서 써본 후 MP3 듣고 따라 말하기	🎧 mp3 180

① 우리 피자 주문하자! [주문하다 = bestellen]

   →

② 우리 버스 정류장에서 만나자! [버스 정류장 = f. Bushaltestelle]

   →

① Lass uns eine Pizza bestellen!

② Lass uns an der Bushaltestelle treffen!

정답 p.152

01 (　　　　　　　　　　　　　　　) am Freitag um 2 Uhr (　　　)?

우리 금요일 2시에 만나지 않을래?

02 Wollen wir bei mir zu Hause (　　　　　　　)?

우리 집에서 커피 마실래?

03 Wir können vielleicht (　　　　　　　　　) nehmen.

우리는 아마 저렴하게 기차를 탈 수 있을 거야.

04 Wir können vielleicht (　　　　　　　　　).

우린 아마 무료로 입장할 수 있을 거야.

05 Was (　　　) du in den Ferien (　　)?

방학 때 무엇을 할 계획이니?

06 Was hast du (　　　　　　　　　　) vor?

너 이번 주말에 뭐 할 예정이야?

07 Hast du vielleicht (　　　　　　　　　　) Zeit?

혹시 다음 주말에 시간 있니?

08 Hast du vielleicht (　　　　　　　　) Zeit?

혹시 내일 오후에 시간 되니?

09 (　　　　　　　　　　) sehen wir uns denn?

우리 몇 시에 만나는 거야?

10 Um wie viel Uhr (　　　) der Zug (　　)?

기차는 몇 시에 출발하니?

11 Wann möchtest du (   )?

너는 언제 파티를 열 생각이야?

12 Wann möchten Sie (   )?

언제 회의를 진행하고 싶으세요?

13 Ich kann (   ) am Wochenende (   ).

나는 주말에 시간을 낼 수 있어.

14 (   ) dir kurz Zeit nehmen?

잠시 시간을 내줄 수 있니?

15 Am nächsten Wochenende (   ) es (   ) nicht.

다음 주말은 아쉽지만 어려울 것 같아.

16 (   ) geht es leider nicht.

토요일 저녁에는 아쉽지만 어려울 것 같아.

17 Da habe ich leider keine Zeit, weil ich (   ) habe.

다른 약속이 있어서 그때 시간이 안 될 것 같아.

18 Da habe ich keine Zeit, weil ich (   ).

일이 너무 많기 때문에 그때 시간이 안 될 것 같아.

19 (   ) heute (   )!

우리 오늘 영화 보러 가자!

20 Lass uns (   ) treffen!

우리 버스 정류장에서 만나자!

1	Wollen wir uns / treffen	11	die Party veranstalten
2	Kaffee trinken	12	die Besprechung machen
3	einen günstigen Zug	13	mir / Zeit nehmen
4	kostenlos reinkommen	14	Kannst du
5	hast / vor	15	geht / leider
6	am kommenden Wochenende	16	Am Samstagabend
7	am nächsten Wochenende	17	eine andere Verabredung
8	morgen Nachmittag	18	zu viel Arbeit habe
9	Um wie viel Uhr	19	Lass uns / ins Kino gehen
10	fährt / ab	20	an der Bushaltestelle

MEMO 틀린 문장이 있을 경우 아래에 몇 번씩 반복해서 써보세요.

LEKTION 10

의견을 묻고 말하는
표현 익히기

— Wie findest du meine neuen Schuhe? —

내 새 신발 어떠니?

① finden = 찾다, 생각하다

Wie findest du = ~을 어떻게 생각하니?

현재시제로 말하는 경우에는 대부분 '생각하다'라는 의미로 사용됩니다. 항상 4격 목적어를 동반

하며 상대의 소감이나 느낌을 물을 때 응용할 수 있습니다.

② m. Schuh = 신발 → pl. Schuhe = 신발 한 세트

meine neuen Schuhe = 나의 새 신발들 (복수 4격)

MP3 듣고 따라 말하며 세 번씩 써보기	🎧 mp3 181

①

②

③

응용해서 써본 후 MP3 듣고 따라 말하기	🎧 mp3 182

① 이 의견을 어떻게 생각하세요? [당신의 의견에 따르면 = Ihrer Meinung nach]

→

② 제 제안을 어떻게 생각하세요? [제안 = m. Vorschlag]

→

---

① Wie finden Sie es Ihrer Meinung nach?

② Wie finden Sie meinen Vorschlag?

Ich halte das für eine gute Idee.

좋은 생각인 것 같아.

① halten für = ~을 ~라고 여기다

halten 동사는 함께 오는 전치사에 따라 의미가 달라지는 동사입니다. 이 경우 전치사 für 뒤
에 형용사와 명사가 올 수 있으며, '~로 여기다, 생각하다'라고 해석합니다.

② f. Idee = 생각, 아이디어 → eine gute Idee = 좋은 생각 (여성 4격)

Ich halte das für <u>eine gute Idee</u>.

= 나는 그게 <u>좋은 생각</u>이라고 생각해. → 좋은 생각인 것 같아.

MP3 듣고 따라 말하며 세 번씩 써보기	○ mp3 183

①

②

③

응용해서 써본 후 MP3 듣고 따라 말하기	○ mp3 184

① 저는 이 주제를 매우 중요하게 생각해요. [중요한 = wichtig]

→

② 이것은 꼭 필요하지 않을 것 같아. [필요한 = erforderlich]

→

① Ich halte das Thema für sehr wichtig.

② Ich halte es nicht für erforderlich.

Was denken Sie über die Situation?

이 상황에 대해 어떻게 생각하시나요?

① denken über = ~에 대해 생각하다

특정 주제에 대해 깊이 숙고하는 경우에 사용하는 표현입니다. finden은 상대의 소감과 느낌을 묻는 표현이라면 denken은 상대방의 의견을 묻는 경우 사용됩니다.

② da(r)+über → darüber = 그것에 대해서

전치사구를 대명사로 대신하는 경우에는 da(r)+전치사로 표현합니다.

Was denken Sie darüber? = 그것에 대해 어떻게 생각하세요?

MP3 듣고 따라 말하며 세 번씩 써보기	∩ mp3 185
①	
②	
③	

응용해서 써본 후 MP3 듣고 따라 말하기	∩ mp3 186

① 이 기사에 대해 어떻게 생각하세요? [기사 = m. Artikel]

　→

② 그것에 대해 어떻게 생각해?

　→

> ① Was denken Sie über den Artikel?
> ② Was denkst du darüber?

— Wie gefällt Ihnen das Angebot? —

이 매물은 어떤가요?

① gefallen = ~의 마음에 들다

Wie gefällt Ihnen = ~이 당신에게 어떻게 마음에 드나요?

평가되는 대상이 주어가 되고, 평가하는 사람은 3격으로 사용됩니다.

② n. Angebot = 상품, 매물 (n. Sonderangebot = 특별 할인 상품)

Wie gefällt Ihnen das Angebot?

= 이 매물은 <u>어떻게 마음에 드시나요?</u> → 이 매물은 어떤가요?

MP3 듣고 따라 말하며 세 번씩 써보기	🎧 mp3 187

①

②

③

응용해서 써본 후 MP3 듣고 따라 말하기	🎧 mp3 188

① 이 집은 너희들이 보기에 어떠니? [집, 주택 = f. Wohnung]

→

② 이 음악 어때? [음악 = f. Musik]

→

① Wie gefällt euch die Wohnung?
② Wie gefällt dir die Musik?

Mir hat die Stadt richtig gut gefallen.

저는 그 도시가 정말 마음에 들었어요.

① gefallen = 마음에 들다 [gefallen - gefiel - hat···gefallen]

gefallen 동사는 비분리 동사의 특징이 반영되어 원형과 과거분사 형태가 동일합니다. 참고로 같은 특징의 동사로는 bekommen(얻다, 받다)이 있습니다.

→ [bekommen - bekam - bekommen]

② f. Stadt = 도시 / richtig = 참으로, 정말

→ Mir hat die Stadt richtig gut gefallen. = 저는 그 도시가 정말 마음에 들었어요.

MP3 듣고 따라 말하며 세 번씩 써보기	mp3 189

①

②

③

응용해서 써본 후 MP3 듣고 따라 말하기	mp3 190

① 우리에겐 그 펜션이 정말 마음에 들었어. [펜션 = f. Ferienwohnung]

→

② 우리 부모님이 그 여행을 정말 좋아하셨어요. [여행 = f. Reise]

→

① Uns hat die Ferienwohnung sehr gut gefallen.

② Meinen Eltern hat die Reise wirklich gut gefallen.

— Wie wäre es mit einem anderen Termin?

다른 날 약속을 잡는 것 어떠세요?

① wie wäre es mit = ~는 어떨까요?

wäre는 sein 동사의 접속법 2식 형태로 공손하고 부드럽게 제안하거나 질문하는 경우 사용합니다. 상대방의 제안이 마음에 들지 않을 때 내가 원하는 바를 이 표현을 활용하여 전달해 보세요.

② m. Termin = 예약, 약속, 일정

einen Termin vereinbaren = 일정을 잡다

MP3 듣고 따라 말하며 세 번씩 써보기	🎧 mp3 191

①

②

③

응용해서 써본 후 MP3 듣고 따라 말하기	🎧 mp3 192

① 목요일 저녁은 어때? [목요일 저녁 = Donnerstagabend]

→

② 주말에 소풍 가는 것 어때? [주말 = n. Wochenende]

→

---

① Wie wäre es mit Donnerstagabend?

② Wie wäre es mit einem Ausflug am Wochenende?

- Ich schlage **dir** vor, einen Ausflug zu machen. -

같이 소풍가는 것을 제안할게.

① jdm. vorschlagen = ~에게 제안하다

분리동사이므로 분리전철이 문장 끝에 위치합니다. 제안하는 내용은 목적어로 오거나, 종속절로

따로 표현할 수 있습니다.

② einen Ausflug machen = 소풍을 가다

zu 부정사는 동사원형과 함께 사용되며 주문장과 '콤마(,)'로 구분되어 문장 끝에 위치합니다.

MP3 듣고 따라 말하며 세 번씩 써보기 🎧 mp3 193

① _____

② _____

③ _____

응용해서 써본 후 MP3 듣고 따라 말하기 🎧 mp3 194

① 미팅 일정 잡는 것을 당신께 제안합니다. [약속을 잡다 = einen Termin vereinbaren]

→ _____

② 나와 함께 팀을 꾸리는 것을 너희에게 제안할게. [구성(형성)하다 = bilden]

→ _____

> ① Ich schlage Ihnen vor, einen Termin zu vereinbaren.
>
> ② Ich schlage euch vor, mit mir ein Team zu bilden.

Ich denke, dass es auch andere
Alternativen gibt.

내 생각엔 다른 대안이 있을 것 같아.

① Ich denke = 나는 ~라고 생각한다

동일한 뜻의 표현으로는 Ich glaube, Ich meine가 있으니 대체하여 사용할 수 있습니다.

일상 대화에서 '나는 ~할 것 같아'라고 자연스럽게 해석합니다.

② f. Alternative = 대안 (pl. Alternativen)

es gibt Alternativen = 여러 대안이 있다

dass es andere Alternativen gibt = 다른 대안들이 있다는 것

MP3 듣고 따라 말하며 세 번씩 써보기	∩ mp3 195
①	
②	
③	

응용해서 써본 후 MP3 듣고 따라 말하기	∩ mp3 196

① 내 생각엔 이게 아주 중요한 것 같아. [중요한 = wichtig]

→

② 내 생각에는 가능할 것 같아. [가능한 = möglich]

→

---

① Ich denke, dass es sehr wichtig ist.

② Ich denke, dass es möglich ist.

Ich bin damit einverstanden.

저는 그것에 대해 동의합니다.

① einverstanden = 동의하는

einverstehen(동의하다) 동사의 과거분사 형태로 sein 동사과 함께 사용되면 '~(에) 동의
하는 상태이다'라고 해석됩니다. 동의하는 내용은 전치사 mit(~에 관하여)과 함께 쓰입니다.

② damit = 그것에 대해 (전치사와 지시 대명사의 결합 형태)

Ich bin <u>damit</u> einverstanden. = 저는 <u>그것에 대해</u> 동의합니다.

MP3 듣고 따라 말하며 세 번씩 써보기	🎧 mp3 197
①	
②	
③	

응용해서 써본 후 MP3 듣고 따라 말하기	🎧 mp3 198
① 나는 찬성이야.	
→	
② 나는 반대야.	
→	

① Ich bin dafür.

② Ich bin dagegen.

Davon bin ich überzeugt.

저는 그것에 대해 확신합니다.

---

① jdn. überzeugen = 설득하다

von etw. überzeugt sein = 확신하는

überzeugen 동사의 과거분사 형태로 sein 동사와 함께 사용할 경우 '확신하는 상태이다'
라고 해석됩니다. 나의 의견을 적극적으로 주장하는 경우에 사용할 수 있기 때문에 dass절과
함께 응용해 보세요.

② davon = 그것에 관하여

MP3 듣고 따라 말하며 세 번씩 써보기	🎧 mp3 199

①

②

③

응용해서 써본 후 MP3 듣고 따라 말하기	🎧 mp3 200

① 그것에 대해 저는 다른 생각이에요. [다른 = ander-]

　→

② 저는 그것에 별로 관심이 없어요. [관심을 가지다 = sich interessieren]

　→

---

① Dazu habe ich eine andere Meinung.

② Dafür interessiere ich mich nicht.

정답 p.166

01 Wie findest du ( )?

내 새 신발 어떠니?

02 ( ) es Ihrer Meinung nach?

이 의견을 어떻게 생각하세요?

03 Ich ( ) das ( ) eine gute Idee.

좋은 생각인 것 같아.

04 Ich halte es ( ).

이것은 꼭 필요하지 않을 것 같아.

05 Was denken Sie ( )?

이 상황에 대해 어떻게 생각하시나요?

06 ( ) denkst du ( )?

그것에 대해 어떻게 생각해?

07 ( ) das Angebot?

이 매물은 어떤가요?

08 ( ) die Musik?

이 음악 어때?

09 Mir ( ) die Stadt richtig ( ).

저는 그 도시가 정말 마음에 들었어요.

10 ( ) hat die Reise wirklich gut gefallen.

우리 부모님이 그 여행을 정말 좋아하셨어요.

11 (   ) einem anderen Termin?

다른 날 약속을 잡는 것 어떠세요?

12 Wie wäre es (   ) am Wochenende?

주말에 소풍 가는 것 어때?

13 (   ), einen Ausflug zu machen.

같이 소풍가는 것을 제안할게.

14 Ich schlage euch vor, mit mir (   ).

나와 함께 팀을 꾸리는 것을 너희에게 제안할게.

15 Ich denke, dass es (   ) gibt.

내 생각엔 다른 대안이 있을 것 같아.

16 Ich denke, dass (   ) ist.

내 생각엔 이게 아주 중요한 것 같아.

17 Ich bin (   ).

저는 그것에 대해 동의합니다.

18 Ich bin (   ).

나는 반대야.

19 (   ) bin ich (   ).

저는 그것에 대해 확신합니다.

20 Dazu habe ich (   ).

그것에 대해 저는 다른 생각이에요.

01	meine neuen Schuhe	11	Wie wäre es mit
02	Wie finden Sie	12	mit einem Ausflug
03	halte / für	13	Ich schlage dir vor
04	nicht für erforderlich	14	ein Team zu bilden
05	über die Situation	15	auch andere Alternativen
06	Was / darüber	16	es sehr wichtig
07	Wie gefällt Ihnen	17	damit einverstanden
08	Wie gefällt dir	18	dagegen
09	hat / gut gefallen	19	Davon / überzeugt
10	Meinen Eltern	20	eine andere Meinung

MEMO 틀린 문장이 있을 경우 아래에 몇 번씩 반복해서 써보세요.

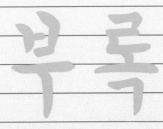

부록

중급문장 100
주요 내용 총정리

① 주요 화법조동사 변화

② 관사

③ 부정대명사

④ 전치사

⑤ 화법조동사의 시제

⑥ 동사 변화

⑦ 재귀대명사 및 재귀동사

können ~할 수 있다			
ich	kann	wir	können
du	kannst	ihr	könnt
er/sie/es	kann	Sie/sie	können

müssen ~해야 한다			
ich	muss	wir	müssen
du	musst	ihr	müsst
er/sie/es	muss	Sie/sie	müssen

dürfen ~해도 된다/좋다			
ich	darf	wir	dürfen
du	darfst	ihr	dürft
er/sie/es	darf	Sie/sie	dürfen

sollen 마땅히 ~해야 한다			
ich	soll	wir	sollen
du	sollst	ihr	sollt
er/sie/es	soll	Sie/sie	sollen

wollen ~하고자 한다			
ich	will	wir	wollen
du	willst	ihr	wollt
er/sie/es	will	Sie/sie	wollen

mögen ~을 좋아하다			
ich	mag	wir	mögen
du	magst	ihr	mögt
er/sie/es	mag	Sie/sie	mögen

möchten ~을 원하다/~하고 싶다			
ich	möchte	wir	möchten
du	möchtest	ihr	möchtet
er/sie/es	möchte	Sie/sie	möchten

lassen ~ 하도록 시키다			
ich	lasse	wir	lassen
du	lässt	ihr	lasst
er/sie/es	lässt	Sie/sie	lassen

	남성명사(m.)	여성명사(f.)	중성명사(n.)	복수명사(pl.)
1격	der	die	das	die
2격	des	der	des	der
3격	dem	der	dem	den
4격	den	die	das	die

	남성명사(m.)	여성명사(f.)	중성명사(n.)
1격	ein	eine	ein
2격	eines	einer	eines
3격	einem	einer	einem
4격	einen	eine	ein

	남성명사(m.)	여성명사(f.)	중성명사(n.)	복수명사(pl.)
1격	kein	keine	kein	keine
2격	keines	keiner	keines	keiner
3격	keinem	keiner	keinem	keinen
4격	keinen	keine	kein	keine

• mein(나의) 변화

	남성명사(m.)	여성명사(f.)	중성명사(n.)	복수명사(pl.)
1격	mein	meine	mein	meine
2격	meines	meiner	meines	meiner
3격	meinem	meiner	meinem	meinen
4격	meinen	meine	mein	meine

• dein(너의) 변화

	남성명사(m.)	여성명사(f.)	중성명사(n.)	복수명사(pl.)
1격	dein	deine	dein	deine
2격	deines	deiner	deines	deiner
3격	deinem	deiner	deinem	deinen
4격	deinen	deine	dein	deine

• sein(그(것)의) 변화

	남성명사(m.)	여성명사(f.)	중성명사(n.)	복수명사(pl.)
1격	sein	seine	sein	seine
2격	seines	seiner	seines	seiner
3격	seinem	seiner	seinem	seinen
4격	seinen	seine	sein	seine

• ihr(그녀의) 변화

	남성명사(m.)	여성명사(f.)	중성명사(n.)	복수명사(pl.)
1격	ihr	ihre	ihr	ihre
2격	ihres	ihrer	ihres	ihrer
3격	ihrem	ihrer	ihrem	ihren
4격	ihren	ihre	ihr	ihre

• unser(우리의) 변화

	남성명사(m.)	여성명사(f.)	중성명사(n.)	복수명사(pl.)
1격	unser	unsere	unser	unsere
2격	unseres	unserer	unseres	unserer
3격	unserem	unserer	unserem	unseren
4격	unseren	unsere	unser	unsere

• euer(너희의) 변화

	남성명사(m.)	여성명사(f.)	중성명사(n.)	복수명사(pl.)
1격	euer	eure	euer	eure
2격	eures	eurer	eures	eurer
3격	eurem	eurer	eurem	euren
4격	euren	eure	euer	eure

3 부정대명사

격 \ 성	남성		여성		중성		복수	
1	einer	keiner	eine	keine	eins	keins	welche	keine
2	eines	keines	einer	keiner	eines	keines	welcher	keiner
3	einem	keinem	einer	keiner	einem	keinem	welchen	keinen
4	einen	keinen	eine	keine	eins	keins	welche	keine

an	~ 옆 (닿아있는 상태)	an + 3격 = ~ 옆에 an + 4격 = ~ 옆으로
auf	~ 위 (닿아있는 상태)	auf + 3격 = ~ 위에 auf + 4격 = ~ 위로
neben	~ 옆 (사물과 떨어져 있는 상태)	auf + 3격 = ~ 옆에 auf + 4격 = ~ 옆으로
über	~ 위 (사물과 떨어져 있는 상태)	über + 3격 = ~ 위에 über + 4격 = ~ 위로
unter	~ 아래	unter + 3격 = ~ 아래에 unter + 4격 = ~ 아래로
vor	~ 앞	vor + 3격 = ~ 앞에(서) vor + 4격 = ~ 앞으로
hinter	~ 뒤 (닿아있는 상태)	hinter + 3격 = ~ 뒤에서 hinter + 4격 = ~ 뒤로
in	~ 안	in + 3격 = ~ 안에서 in + 4격 = ~ 안으로
außerhalb	~ 밖에, ~ 외부에	außerhalb + 시간 = ~ 외 시간
innerhalb	~ 안에, ~ 내부에	innerhalb + 시간 = ~ 내 시간
zu mir nach Hause	나의 집으로	zu mir = 나에게로 nach Hause = 집으로
bei mir zu Hause	나의 집에서	bei mir = 나에게서 zu Hause = 집에서

in	~안(가운데)에	월, 계절 앞 *in+dem = im
an	~에	요일 앞 *an+dem = am
bei	~할 때, ~할 경우에	*bei+dem = beim
gegen	~시쯤에(대략)	정확하지 않은 시각 앞
innerhalb	~이내에	정해진 기한을 한정적으로 표현
während	~하는 동안에	어떤 일이 진행되는 동안 동시에 일어나는 상황 표현
seit	~이래로	과거부터 현재까지 이어져 오는 상황 표현
um	~시에	정확한 시각 앞
vor	~전에, ~앞에(서)	시간 전치사로 사용할 땐 3격 사용
zwischen	~사이에	zwischen A und B = A와 B 사이에

5 화법조동사의 시제

부정형	과거형	과거분사형	sein/haben	의미
wollen	wollte	gewollt		하고자 한다
dürfen	durfte	gedurft		허락되다
müssen	musste	gemusst	+ haben	해야 한다(의무)
sollen	sollte	gesollt		해야 한다(충고)
mögen	mochte	gemocht		좋아하다

부정형	과거	과거분사 (P.P.)	sein/haben	의미
arbeiten	arbeitete	gearbeitet	h	일하다
spielen	spielte	gespielt	h	놀다, 연주, 경기하다
kaufen	kaufte	gekauft	h	사다, 구입하다
studieren	studierte	studiert	h	전공하다
telefonieren	telefonierte	telefoniert	h	통화하다
diskutieren	diskutierte	diskutiert	h	토론하다
mitbringen	brach mit	mitgebracht	h	데리고 오다, 가지고오다
abholen	holte ab	abgeholt	h	데리러 가다
vorstellen	stellte vor	vorgestellt	h	소개하다
verstehen	verstand	verstanden	h	이해하다
besuchen	besuchte	besucht	h	방문하다
verlieren	verlor	verloren	h	잃어버리다
entscheiden	entschied	entschieden	h	결정하다
leihen	lieh	geliehen	h	빌려주다
schreiben	schrieb	geschrieben	h	쓰다
helfen	half	geholfen	h	~를 돕다
empfehlen	empfahl	empfohlen	h	추천하다
sprechen	sprach	gesprochen	h	이야기하다, 말하다
trinken	trank	getrunken	h	마시다
finden	fand	gefunden	h	찾(아내)다, 발견하다
singen	sang	gesungen	h	노래하다
senden	sandte	gesandt	h	보내다

부정형	과거	과거분사 (P.P.)	sein/haben	의미
kennen	kannte	gekannt	h	알다
nennen	nannte	genannt	h	부르다
gehen	ging	gegangen	s	가다
fahren	fuhr	gefahren	s	타고 가다
kommen	kam	gekommen	s	태어나다
begegnen	begegnete	begegnet	s	~를 마주치다
aufwachen	wachte auf	aufgewacht	s	깨(어나)다
einschlafen	schlief ein	eingeschlafen	s	잠들다
haben	hatte	gehabt	h	가지다
werden	wurde	geworden	s	~이 되다
wissen	wusste	gewusst	h	알다
denken	dachte	gedacht	h	생각하다
erkennen	erkannte	erkannt	h	알아차리다
gab	gab	gegeben	h	주다
bitten	bat	gebeten	h	~을 부탁하다
beginnen	begann	begonnen	h	시작하다
empfehlen	empfahl	empfohlen	h	~에게 추천하다

재귀대명사

	1인칭	2인칭	3인칭			1인칭	2인칭	3인칭		존칭
	ich	du	er	sie	es	wir	ihr	sie	Sie(pl.)	Sie(Sg.)
3격	mir	dir	sich			uns	euch	sich		
4격	mich	dich								

대표적인 재귀동사

- sich setzen = 앉다
- sich waschen = 씻다
- sich die Nase putzen = 코를 풀다
- sich die Zähne putzen = 양치를 하다
- sich anziehen = 옷을 입다
- sich umziehen = 옷을 갈아입다
- sich ausziehen = 옷을 벗다
- sich merken = 명심하다, 기억하다
- sich leisten = 마련하다, 구매하다
- sich konzentrieren auf = ~에 집중하다
- sich vorbereiten auf = ~을 준비하다
- sich beschäftigen mit = ~을 (집중적으로) 다루다
- sich interessieren für = ~에 관심이 있다
- sich erinnern an = ~을 기억하다
- sich bedanken für = ~에 대해 감사하다
- sich freuen über = ~에 대해 기쁘다
- sich freuen auf = ~에 대해 고대하다

MEMO

좋은 **책**을 만드는 길
독자님과 **함께**하겠습니다.

나의 하루 1줄 독일어 쓰기 수첩 [중급문장 100]

초 판 발 행	2022년 09월 05일 (인쇄 2022년 07월 28일)
발 행 인	박영일
책 임 편 집	이해욱
저 자	박주연
감 수	Köksal Nigda
기 획 편 집	심영미
표지디자인	조혜령
편집디자인	임아람 · 하한우
발 행 처	시대인
공 급 처	(주)시대고시기획
출 판 등 록	제 10-1521호
주 소	서울시 마포구 큰우물로 75 [도화동 538 성지 B/D] 9F
전 화	1600-3600
팩 스	02-701-8823
홈 페 이 지	www.sdedu.co.kr
I S B N	979-11-383-0039-1(13750)
정 가	12,000원